GAUR GOPAL DAS
Sorge dich nicht, frage!

arkana

GAUR GOPAL DAS

Sorge dich nicht, frage!

Mit drei Fragen
zu innerer Kraft und
Zufriedenheit

*Why worry?
Die geniale Glücksphilosophie
eines indischen Mönchs*

Aus dem Englischen
von Claudia Seele-Nyima

Die englische Originalausgabe erschien 2018 unter dem Titel
»Life's Amazing Secrets – How to Find Balance and Purpose in Your Life«
bei Penguin Ananda, einem Imprint von Penguin Random House India,
in DLF Cyber City, Indien.

Trotz sorgfältiger Recherche und Nachforschungen konnten leider nicht alle Rechteinhaber ermittelt werden. Bei berechtigten Ansprüchen werden Sie sich bitte an den Verlag.

Sollte diese Publikation Links auf Webseiten Dritter enthalten,
so übernehmen wir für deren Inhalte keine Haftung, da wir uns diese
nicht zu eigen machen, sondern lediglich auf deren Stand
zum Zeitpunkt der Erstveröffentlichung verweisen.

Dieses Buch ist auch als E-Book erhältlich.

Verlagsgruppe Random House FSC® N001967

1. Auflage
Deutsche Erstausgabe
© 2019 Arkana, München
in der Verlagsgruppe Random House GmbH,
Neumarkter Straße 28, 81673 München
Originalausgabe Copyright © by Gaur Gopal Das 2018
Lektorat: Ralf Lay
Umschlaggestaltung: ki 36 Editorial Design, München, Daniela Hofer,
unter Verwendung der Layoutvorlage der Originalausgabe
Umschlagfoto: © Satya Gaud
Bildnachweis: S. 38, 86, 152, 200: © Bettina Stickel unter Verwendung einer Vorlage
von © Satyagopinath Das und © Akangksha Sarmah;
S. 76, 207: © Akangksha Sarmah; S. 178: © shutterstock_Kishore B;
Punkte: © iStock/Afanasia;
Zitat S. 170 mit freundlicher Genehmigung: aus Paulo Coelho
Handbuch des Kriegers des Lichts aus dem Brasilianischen von Maralde Meyer-Minnemann
Copyright der deutschsprachigen Ausgabe © 2001,
2006 Diogenes Verlag AG Zürich
Satz: Buch-Werkstatt GmbH, Bad Aibling
Druck und Bindung: CPI books GmbH, Leck
Printed in Germany
ISBN: 978-3-442-34260-0
www.arkana-verlag.de

Besuchen Sie den Arkana Verlag im Netz

Für meine geliebte Mutter und meinen verstorbenen Vater, meine Großmutter und Schwester – eure Liebe ist stets die Grundlage all meiner Bestrebungen!

Inhalt

Vorwort 9
Vorbemerkung des Autors 13

1. Die Schlüssel vergessen 17
2. Hinter den äußeren Anschein blicken 27
3. Der Weg beginnt 34

ERSTES RAD **Persönlicher Lebensbereich**
4. Durch Dankbarkeit wachsen 41
5. Auf »Pause« drücken 58
6. Wozu sich Sorgen machen? 70
7. Spirituelle Praxis 80

ZWEITES RAD **Beziehungen**
8. Einfühlsam sprechen 89
9. Das Gute sehen 103
10. Andere behutsam korrigieren 113
11. Vergebung 128
12. Mit wem umgeben wir uns? 145

Drittes Rad **Arbeitsleben**
13. Verschiedene Arten der Konkurrenz 155
14. Selbsterforschung 170
15. Spiritualität am Arbeitsplatz 181
16. Integrität und Charakter 192

VIERTES RAD Gesellschaftlicher Beitrag
17. Selbstlose Aufopferung 203
18. Die Familie geht vor 211
19. Einsatz für die Nation 217
20. Uneigennütziges Dienen macht Freude 224

Dank 236
Arbeitsblatt zur Vergebung 239
Ikigai-Arbeitsblatt 247

Vorwort

Haben Sie schon einmal den indischen Monsun miterlebt? Er bringt heftige Wolkenbrüche mit sich, die donnernd vom Himmel herabprasseln. Wer in diesen starken Regen gerät, hat kaum eine Chance, trocken zu bleiben. In vergleichbarer Weise ist es schwierig, nicht in die Herausforderungen und negativen Situationen der Welt zu geraten. Friedvoll, glücklich und zufrieden werden wir jedoch nicht dadurch, dass wir die Stolpersteine des Lebens meiden, sondern es kommt vielmehr darauf an, wie wir durch diese Schwierigkeiten hindurchnavigieren, um das Leben führen zu können, das wir führen wollen.

Aldous Huxley hat einmal gesagt: »Erfahrung ist nicht das, was mit einem Menschen geschieht. Sie ist das, was ein Mensch aus dem macht, was mit ihm geschieht.« Der entscheidende Unterschied liegt in unserer Reaktion. Unser kostbarster Besitz – das, was unser Leben wirklich durch und durch verändern kann – ist unser freier Wille. Wir selbst sind die Autoren unserer Lebensgeschichte. Herausforderungen und Schwierigkeiten hageln vielleicht auf uns nieder wie der Monsunregen auf unseren Kopf. Wir haben sie weder angestrebt noch darum gebeten. Sie kommen einfach auf uns zu. Doch die Entscheidung, wie wir darauf reagieren wollen, liegt bei uns.

Glück stellt sich nicht automatisch ein. Wir erhalten zwar schon von klein auf eine systematische Ausbildung in verschiedenen Bereichen und Fachgebieten, doch so etwas wie ein Unterricht im Glücklichsein gehört normalerweise nicht dazu. Die Kunst, ein zufriedenes Leben zu führen, integer und ausgeglichen zu bleiben, ist eines der wunderbaren Geheimnisse, denen wir in diesem Buch auf den Grund gehen wollen. Es basiert auf einfachen Prinzipien, die sich jeder zunutze machen kann, der nach Zufriedenheit strebt.

Sind Sie häufig gereizt oder frustriert? Werden Sie des Öfteren das Gefühl nicht los, dass das Leben anders verläuft, als Sie es gern hätten? Haben Sie zuweilen den Eindruck, dass ein zentraler Teil Ihres Lebens immer wieder mehr Aufmerksamkeit erfordert als andere? Wenn die Antwort auf mindestens eine dieser Fragen Ja lautet, dann ist das wahrscheinlich ein Hinweis darauf, dass Ihr Leben aus der Balance geraten ist. Das Geheimnis des Daseins liegt jedoch darin, im Gleichgewicht zu sein: damit das Pendel der Lebensbereiche nicht zu sehr in nur eine Richtung ausschlägt, aber auch nicht stillsteht. Ähnlich wie ein Auto, das auf vier Rädern steht, sich in einem stabilen Gleichgewicht befindet, so müssen wir die vier maßgebenden Bereiche unseres Lebens in die Balance bringen: unseren persönlichen Lebensbereich, unsere Beziehungen, unser Berufsleben und unseren Beitrag für die Gesellschaft.

Beim Gleichgewicht auf der äußeren Ebene geht es um die »Ausrichtung der Räder«, darum, unsere Prioritäten den Erfordernissen des Augenblicks anzupassen und uns auf ein bestimmtes Rad zu konzentrieren, das nicht in der Spur ist. Manchmal, an einem bestimmten Punkt in unserem Leben, erfordert unser Job vielleicht mehr Aufmerksamkeit als das Privatleben. Wollten Sie schon einmal Zeit mit jemandem verbringen, der beruflich stark eingespannt ist, weil er eine Deadline einhalten muss? Es ist unmöglich. Der Betreffende hat schon genug damit zu tun, sein Ziel zu erreichen. Zu anderen Zeiten hat wiederum unser Privatleben Vorrang vor allem anderen. Haben Sie schon einmal ein Paar, das gerade seine Hochzeit organisiert, gebeten, mehr Zeit bei der Arbeit zu verbringen? Es ist zwecklos, denn sie planen einen der wichtigsten Tage ihres Lebens. Liebe Freunde, wir müssen bereit sein, unsere Prioritäten anzupassen, um alle Bereiche unseres Lebens in die Balance zu bringen.

Ein tieferer Aspekt des Gleichgewichts liegt jedoch in unserem Inneren: Er betrifft unsere Einstellungen und Werte, mit denen wir uns in den verschiedenen Abschnitten dieses Buches näher befassen. Unsere Einstellungen entsprechen der Luft in den Reifen. Stimmt der Reifendruck nicht, kann es zu einer Autopanne kommen, die uns daran hindert, unser Ziel zu erreichen. Darum müssen wir die inneren Aspekte des Gleichgewichts im Auge behalten. Wenn die Grundsätze des äußeren Gleichgewichts Anpassung und Ausrichtung sind, dann sind die inneren die der Einstellung und der Werte.

Während wir uns außen und innen ins Gleichgewicht bringen, ist es für unseren Erfolg von grundlegender Bedeutung, dass wir das Lenkrad – unsere Spiritualität – nie loslassen. Denn wenn alle Räder richtig ausgerichtet sind und der Reifendruck optimal ist, wir aber das Lenkrad aus der Hand geben, erreichen wir unser Fahrtziel trotzdem nicht. Der Buddha hat gesagt: »So wie eine Kerze nicht ohne Feuer brennen kann, können Menschen nicht ohne Spiritualität leben.« Sofern sie aufrichtig praktiziert wird, bringt Spiritualität unabhängig vom jeweiligen Bekenntnis Sinn in unser Leben und gibt uns ein erstrebenswertes Ziel. Mitunter fühlen wir uns leer oder verloren, oder wir geraten – wenn wir nicht mehr ein noch aus wissen – in eine existenzielle Krise.

In solchen Zeiten müssen wir das Lenkrad der Spiritualität fest in der Hand behalten und weitermachen.

Und das Steuer besteht aus vier Teilen: unsere spirituelle Praxis *(sadhana)*, die Menschen, mit denen wir zusammen sind, beziehungsweise der Umgang, den wir pflegen *(sanga)*, unseren Charakter *(sadachar)* und unseren Dienst an Gott und an anderen *(seva)*. Wenn wir all diese Aspekte angemessen berücksichtigen, sind wir in der Lage, das Auto unseres Lebens ans Ziel zu fahren.

Legen wir los!

Vorbemerkung des Autors

Am 9. Mai 2017 erhielt ich einen Anruf von Vaishali Mathur, Programmleiterin für Publikationen indischer Autoren und verantwortlich für Rechte und Lizenzen bei Penguin Random House, Indien. Sie hatte einige meiner Videos online gesehen und erkundigte sich, ob ich bereit sei, bei ihnen ein Buch zu veröffentlichen. Es klang sehr aufregend! Ich hatte schon immer geglaubt, man könne das Leben der Menschen dadurch verändern, dass man ihnen hilft, ihr Denken neu zu orientieren. Seit über zwanzig Jahren hatte ich das dadurch versucht, dass ich zu ihnen sprach und Vorträge hielt. Hier bot sich nun die einmalige Gelegenheit, mein Vorhaben auf die nächste Ebene zu bringen.

Eigentlich wollte ich sofort Ja sagen, doch etwas in mir hielt mich zurück. So gab ich ihr zunächst eine unbestimmte Antwort: »Lassen Sie mich darüber nachdenken. Ich melde mich wieder.« Rückblickend muss das für sie frustrierend gewesen sein. Meine Zurückhaltung rührte daher, dass ich kein Schriftsteller bin. Abgesehen von einigen Artikeln und Gedichten, die ich Jahre vorher geschrieben hatte, nutzte ich einen Stift, um Geschäftsdokumente zu unterzeichnen, und eine Tastatur, um mein Tagebuch zu schreiben und meine Aufzeichnungen zu verfassen.

Einige Tage später, als sich die erste Aufregung gelegt hatte und ich begann, ernsthaft über das Angebot nachzudenken, erhielt ich einen Anruf von einem alten Freund in London, Sruti Dharma Das. Schon lange bevor meine Onlinepräsenz gewachsen war, hatte er mich stets unterstützt. Jetzt rief er mich aus heiterem Himmel an, um mich daran zu erinnern, dass ich ein Buch schreiben müsse. »Das ist der nächste Schritt für dich«, sagte er. »Ein Redner sollte seine Vorträge durch ein Buch ergänzen, denn für die Zuhörer ist das wirklich nützlich. Sie können deinen Vortrag dann mit nach Hause nehmen! Und Schreiben sollte für jemanden, der regelmäßig spricht, sowieso nicht allzu schwer sein.« Seine freundlichen Worte schmeichelten mir.

Mangelnde Schreiberfahrung war jedoch nicht das einzige Problem. Ich reise viel und halte Vorträge auf der ganzen Welt. Ich wusste, dass das Schreiben eines Buchs Zeit der Konzentration erfordern würde; also brauchte ich einen festen Aufenthaltsort, um gründlich darüber nachzudenken, was ich der Welt anbieten wollte. Das wiederum bedeutete, dass ich zahlreiche Vortragsverpflichtungen absagen und viele Menschen enttäuschen musste.

Damals stieß ich online zufällig auf ein Zitat von Sir Richard Branson. Es besagte, wenn uns jemand eine wunderbare Geschäftsmöglichkeit anbiete und wir nicht sicher seien, ob wir es können, sollten wir Ja sagen, es einfach machen und später lernen, wie es funktioniert. Das war ein Zeichen – nun konnte ich meine Antwort nicht länger hinauszögern. Ich rief Frau Mathur zurück und nahm ihr Angebot an: Ich wollte den Schritt wagen und versuchen, ein Autor zu werden.

Wie Sie im weiteren Verlauf der Lektüre noch feststellen werden, kann es passieren, dass ich in einer Stadt aufwache und in einer anderen schlafen gehe. Zu reisen, um meine Erkenntnisse an andere weiterzugeben, ist zu einem Teil meiner selbst geworden. Als der Sommer in den Herbst überging und sich der Monsun allmählich legte, machte sich der

Gedanke, das Buch zu schreiben, immer stärker bemerkbar. Ein paar Monate später, im Dezember, nahm ich mir schließlich einen Monat frei, um zu meditieren und die Lektionen, die ich im Lauf meines Lebens gelernt hatte, tiefgehender zu betrachten.

Dabei brachte ich viele Geschichten und Prinzipien zu Papier, die ich mit den Jahren gelernt hatte. Doch wie sollte ich sie miteinander verbinden? Ich beschloss, aus meinen Interaktionen mit sehr vielen verschiedenen Menschen eine Geschichte mit zwei Charakteren zu stricken: Harry und Lalita Iyer. Ihr moderner Weg entspricht dem Pfad vieler, zusammengefasst in einem. Das Leben ist ein Weg. Wenn wir aus den Fehlern und bewährten Vorgehensweisen anderer lernen, können wir unseren Weg lohnend und freudvoll gestalten.

Während des Schreibens wurde mir klar, dass das viel schwieriger ist, als einen Vortrag zu halten, aber ich habe mich damit arrangiert: Wenn ich dem Leben eines anderen Menschen etwas mehr Sinn verleihen kann, bin ich bereit, diese Herausforderung anzunehmen. Ich bete nur darum, dass dieses Buch von Gott gesegnet sein möge, um das Leben der Leser zum Positiven hin zu verändern.

··· 1 ···
Die Schlüssel vergessen

Vergiss auf dem Weg zum Erfolg nicht
die Schlüssel zum Glücklichsein.

»Das Glück wohnt nicht im Besitz und nicht im Gold,
das Glücksgefühl ist in der Seele zu Hause.«

DEMOKRIT

··· ··

Vielleicht war es ein Fehler, öffentlich zu erwähnen, dass meine Lieblingsküche die südindische ist, denn von da an gab es für mich das ganze Jahr über nur noch Sambar zum Frühstück, Sambar zum Mittagessen und Sambar zum Abendessen. Wohin ich auch ging, Sambars folgten mir. Für diejenigen unter Ihnen, die es nicht wissen: Sambar ist eine Art Soße oder Gemüseeintopf auf Linsenbasis, der zu den üblichen auf Reis basierenden Gerichten wie Dosas oder Idli serviert wird. Von Großbritannien bis Australien gaben mir alle, die mich zu sich nach Hause einluden, ihre Version dieser beliebten Linsensuppe zu kosten. Nachdem ich so viel davon gegessen hatte, war es nur natürlich, dass ich ein Kenner des Gerichts wurde und schließlich in jeder Stadt wusste, wo ich das beste Sambar finden konnte – und mein eigenes war natürlich auch nicht schlecht. An diesem Punkt beginnt unsere Geschichte.

Obwohl ich in Pune aufgewachsen bin, liegt die Wohnstatt meines Herzens in einem einfachen Ashram, der sich seltsamerwürdigerweise mitten unter der Skyline im Stadtkern von Mumbai befindet, das bis zum Jahr 1996 »Bombay« hieß. Seit über zwanzig Jahren lebe ich dort als Mönch und studiere die alte östliche Weisheit, was nicht nur mir zugutekommt, sondern auch anderen, denn dabei lerne ich auch, in welcher Weise man sie an die Welt weitergibt, wie man sie praktisch anwendet. Mit schöner Regelmäßigkeit laden mich Besucher meiner Vorträge zum Mittagessen zu sich nach Hause ein, doch normalerweise lehne ich das zu ihrer Enttäuschung ab. Als Mönch muss ich darauf achten, nicht in Schwelgerei zu verfallen und in meinen Gewohnheiten mäßig zu bleiben; das ist wichtig. Nach Monaten wiederholter Bitten nahm ich jedoch schließlich zögernd eine Einladung von Herrn und Frau Iyer an – eine Entscheidung, die meine Auffassung vom Glücklichsein langfristig vertiefen sollte.

Mumbai ist berüchtigt dafür, im Mai sehr schwül zu sein. Es ist die Art klebriger Feuchtigkeit, bei der einem das Hemd durch den Schweiß am Rücken haftet. Doch diese Empfindung hat man nur auf Meereshöhe, nicht in den luftigen Höhen der Wohnung von Hariprasad und Lalita Iyer in einem Hochhaus der eleganten Wohngegend Worli. Dieser Teil der Stadt ist für Mumbai das, was die Fifth Avenue für New York oder die Park Lane für London ist. Gäbe es eine Version des Brettspiels Monopoly für Mumbai, dann würden Sie einen hohen Preis zahlen, wenn Sie auf Worlis vornehmen Türmen stehen bleiben müssten: auf dem Palais Royale oder auf Omkar 1973, zwei Wolkenkratzer, die gerade gebaut werden.

Da war ich nun, ein Mönch mit kaum einem Cent in der Tasche, und genoss die kühle Brise, die sich aus dem Arabischen Meer erhob, im 28. Stock des Hauses meiner liebenswürdigen Gastgeber. Ein Hinweis vorab: Ich habe die

Namen in dieser Geschichte geändert, nicht nur, um die Privatsphäre des Paares zu schützen, dessen Geheimnisse ich im Folgenden teilen werde, sondern auch, um nicht diejenigen zu beleidigen, die mir ein Sambar serviert haben, das nicht an das der Iyers heranreichen konnte.

Das Mittagessen begann damit, dass ich in Verwirrung geriet. Ich hatte Sambar noch nie auch nur mit einem Löffel gegessen, geschweige denn mit dreien. Die beiden platzierten mich am Kopfende ihres schweren Eichenesstischs mit Blick über das Meer. Ein fein gearbeiteter glänzender Tafelaufsatz ließ den Raum aufleuchten, als er in der Mittagssonne schimmerte. Der Tisch war nur für mich gedeckt: ein schwerer Teller in Form eines goldenen Blatts mit einer zu einem Schwan gefalteten Satinserviette und Besteck in verschiedenen Formen und Größen um den Teller herum. Die drei Löffel lagen vor mir, zwei Messer zu meiner Rechten und vier Gabeln links. Vier Gabeln! Ich war mir nicht sicher, ob wir in unserem gesamten Ashram vier Gabeln hatten, da fast jeder nur seine fünf Finger benutzte.

Etwas unbehaglich sah ich Herrn Iyer an und bat ihn und seine Frau flehentlich, sich mir anzuschließen und ebenfalls etwas zu essen, nicht nur, um mich durch das Labyrinth des Bestecks zu führen, sondern auch, um mir Gesellschaft zu leisten. Es macht keinen Spaß, allein zu essen. Herr Iyer wollte mir das Mittagessen persönlich servieren, aber auf meine Überredung hin schloss er sich mir schließlich doch an. Seine Frau dagegen sträubte sich gegen das Angebot und bestand darauf, uns persönlich heiße Dosas und andere Gerichte zu servieren, zubereitet vom Heer der Köche in ihrer betriebsamen Küche.

Und so versuchte ich – bewaffnet mit einem Dessertmesser

in der einen Hand und einer Salatgabel in der anderen –, den Dosa zu schneiden. Es war nur zu deutlich, dass dies eine ungewohnte Situation für mich war. Hariprasad lächelte mich herzlich an, rollte die Ärmel hoch und begann, mit den Händen zu essen, und signalisierte mir dadurch, dass es in Ordnung war, dasselbe zu tun. Ich freute mich. Ich war immer schon der Ansicht, dass es besser schmeckt, wenn man mit der Hand isst. Obwohl Hariprasad wohlhabend war, wirkte er überhaupt nicht überheblich.

»Wie kommt es, dass Sie als angesehener Mann so bescheiden sind?«, fragte ich ihn.

»Ich halte mich zwar selbst nicht für bescheiden, aber jegliche Bescheidenheit, die ich in Ihren Augen vielleicht habe, ist meinen einfachen südindischen Eltern zu verdanken, die mich mit sehr viel Liebe großgezogen haben«, antwortete er.

Hariprasad wurde nicht mit einem Silberlöffel im Mund geboren, obwohl heute viele davon um seinen Teller herum aufgereiht waren. »Ich bin in einem kleinen Dorf bei Chennai aufgewachsen …«, begann er, als er einen Dosa ins Sambar tauchte (Chennai hieß bis zum Jahr 1996 »Madras«). Seine Frau Lalita kam mit einer weiteren Runde Dosas herein, setzte sich kurzzeitig zu uns und hörte ihrem Mann interessiert zu. »Mein Vater arbeitete in einer Textilfabrik«, fuhr Hariprasad fort. »Sein Lohn ernährte unsere Familie. Von der Fabrik erhielten wir kostenlose Baumwollkleidung, die von meinen älteren Brüdern und Schwestern an die jüngeren weitergegeben wurde. Ich bin der Jüngste, also trugen die meisten meiner Kleider die Namen meiner Brüder auf dem Etikett. Mein Vater arbeitete sehr hart für uns.«

»Aber sieh dir mal an, was du jetzt trägst! Das kannst du dir nur deswegen leisten, weil du von all deinen Geschwistern der

Klügste bist«, warf Lalita ein, während sie ihm einen weiteren heißen Dosa servierte. Sie lächelten sich liebevoll an.

Mir fiel auf, dass er in seiner Gucci-Aufmachung tatsächlich wie ein eleganter Staatsmann aussah.

»Und Ihre Mutter?«, fragte ich.

»Meine Mutter blieb bei uns Kindern zu Hause. Sie holte uns von der Schule ab, bereitete all unsere Mahlzeiten zu und gab uns in schwierigen Momenten ihren Rat. Sie trug ihr Haar zwar in einem strengen Haarknoten, aber ihre Arme waren immer offen für eine Umarmung. Unsere Ausbildung war ihre höchste Priorität, weil sie wollte, dass wir es einmal besser haben sollten.«

»Nun, das haben Sie ja offensichtlich jetzt in Ihrem Leben verwirklicht«, sagte ich.

Hariprasad überhörte meine Bemerkung und fuhr fort: »Ich erinnere mich daran, wie anstrengend es war, am Indian Institute of Technology Bombay aufgenommen zu werden und dann dort gut abzuschneiden. Es hat sich aber gelohnt, denn ich wurde sofort für den Harvard-MBA-Studiengang angenommen, weil ich mir am IIT eine Goldmedaille gesichert hatte.«

Der Anblick von Mango Kulfi, einem indischen Eis, das Lalita auf einem Silbertablett kredenzte, brachte unser Gespräch vorübergehend zum Erliegen.

»Sprichst du von Harvard?«, fragte Lalita, während sie mir trotz meiner Proteste zwei Kugeln Kulfi auftat. »Dort haben wir uns kennengelernt«, erklärte sie mir. »Ich war Medizinstudentin, als wir uns in der Harvard India Student Group begegnet sind, und es war Liebe auf den ersten Blick. Aber damals traf ich nicht den südindischen Hariprasad, sondern ›Harry‹, wie ihn seine amerikanischen Freunde nannten.«

»Na gut, dann nenne ich ihn von nun an ›Harry‹!«, lachte ich.

Als das Mittagessen sich dem Ende zuneigte, sprach Harry über seine Arbeit als Geschäftsführer einer multinationalen Consultingfirma. Harrys Erfolg in Harvard gab ihm einen Karriereschub – mit Mitte dreißig war er bereits Geschäftsführer, einer der jüngsten in der Geschichte des Unternehmens, und verantwortete die Asienaktivitäten der Firma.

»Wir beide versuchen, so vielen Leuten wie möglich zu helfen, bevor wir an Kinder denken. Wir wollen Menschen stärken und dazu befähigen, erfolgreich zu sein«, sagte Harry und hielt die Hand seiner Frau.

Ich war angenehm überrascht, wie kultiviert und zuvorkommend dieses Paar war. Lalitas Weltklasse-Sambar symbolisierte auch die Wärme und Liebe zwischen ihnen.

»Danke für das wunderbare Mittagessen!«, sagte ich zu ihnen und gab ihnen damit zu verstehen, dass ich gehen musste. »Ich würde liebend gern länger bleiben, aber in einer Stunde haben wir eine Versammlung im Ashram. Könnten Sie mir ein Taxi rufen?«

»Ein Taxi!«, rief Harry aus, als sei er beleidigt. »Aber ich kann Sie doch zurückbringen. Der Ashram ist nur eine halbe Stunde entfernt.«

Mir fiel ein, dass Harry einen Mercedes besaß. Was für eine schnelle Heimfahrt das wäre! Ich bedankte mich bei Lalita für das köstliche Essen. Auch sie dankte mir und lächelte, aber ich bemerkte, dass sie ihren Bauch hielt, als fühlte sie sich nicht ganz wohl. Ich dachte mir nichts weiter dabei, ebenso wenig wie Harry. Wir eilten zum Aufzug, der uns im Handumdrehen aus den Wolken in die Tiefgarage beförderte.

Als sich die Aufzugstüren öffneten, tastete Harry panisch

seine Kleidung ab – mit einem Gesichtsausdruck, den jemand hat, der sein Handy nicht in der Jackentasche spürt. »Ich habe meine Schlüssel vergessen«, sagte er, während er energisch auf den Aufzugknopf drückte, um zurück in den 28. Stock zu fahren. »Ich bin gleich wieder da.« Er ließ mich zurück in einer menschenleeren Tiefgarage.

Als ich mich dort weiter vorwagte, gingen automatisch Lichter an, und zum Vorschein kam das Paradies eines kleinen Jungen: ein Festival der teuersten Autos, die man sich nur vorstellen kann. Ich lief durch die Garage und erinnerte mich, wie sehr mich Autos als Kind faszinierten. Als ich mein Spiegelbild im Fenster eines Ferrari erblickte, der den gleichen Orangeton hatte wie meine Roben, musste ich lachen. Harrys Mercedes entdeckte ich jedoch nirgendwo. Schließlich öffneten sich die Aufzugtüren, und heraus sprang ein atemloser Harry, der mit seinen Schlüsseln klimperte.

»Wo ist denn Ihr Mercedes?«, fragte ich neugierig.

»Ich musste ihn leider verkaufen. Das Fahrwerk war zu tief für die Straßen von Mumbai. Stattdessen habe ich einen Lexus gekauft. Ich habe mir sagen lassen, dass ein Lexus ein Zeichen dafür sein soll, dass der Besitzer etwas auf sich hält.«

»Es dürfte ein angenehmes Problem sein, vor der Frage zu stehen, ob man seinen Mercedes verkaufen und lieber einen Lexus kaufen soll!«

Wir lachten beide wie alte Freunde. Während wir zügig auf seinen glänzenden Wagen zugingen, äußerte ich meine Verwunderung darüber, dass ein Paar ihres Formats, mit ihrem Vermögen und Einfluss, wieder zu seinen spirituellen Wurzeln zurückkehrte.

»Darf ich Ihnen eine Geschichte erzählen? Ich glaube, sie wird Ihnen gefallen.«

Harry nickte, während wir es uns für die kurze Fahrt durch die Stadt bequem machten. Er schaltete das Beifahrerlicht ein und blickte mich aufmerksam an, als ich zu sprechen begann.

»Mit Freunden in Urlaub zu fahren ist eine der besten Erfahrungen überhaupt. Einmal – damals war ich noch kein Mönch – beschlossen drei gute Studienfreunde der Universität in Pune und ich, gemeinsam einen Kurztrip nach Neu-Delhi zu machen. Wir hatten vorab ein Hotel gebucht, aber kaum darauf geachtet, dass sich unser Zimmer im achtzehnten Stock eines Hochhauses befand«, erzählte ich, während ich Harry beobachtete, wie er den Wagen rückwärts aus der Parklücke hinausmanövrierte. »Nachdem wir kurz unser Gepäck abgestellt hatten, beschlossen wir, die Stadt mit der Autorikscha zu erkunden. Wir begannen mit dem Red Fort, aßen im geschäftigen Marktviertel Chandni Chowk in Old Delhi zu Mittag, meditierten im Bahai-Lotus-Tempel und ruhten uns dann auf den Rasenflächen am India Gate aus. Es war ein schöner Tag gewesen. Müde und etwas hungrig beschlossen wir, in unser Hotel zurückzukehren und den Zimmerservice zu bestellen. Kurz nach Sonnenuntergang erreichten wir das Hotel, nur um zu erfahren, dass der Aufzug außer Betrieb war.«

Harry sog hörbar die Luft ein. »Was haben Sie dann gemacht?«

»Wir waren jung, also beschlossen wir, alle achtzehn Etagen zu unserem Zimmer hochzulaufen.«

»Das ist Wahnwitz! Ich würde meine Mitgliedschaft im Fitnessstudio kündigen, wenn ich über die Treppe zu meiner Wohnung hochsteigen müsste. Und Lalita müsste ich wahrscheinlich auf dem Rücken tragen«, scherzte er.

»Gegen Ende hin waren wir erschöpft, aber wie es so schön heißt: Wenn man Spaß hat, vergeht die Zeit wie im Fluge. Mit Freunden zu reden und zu lachen macht alles leichter.«

»Stimmt«, sagte er und nickte. »Worüber haben Sie denn so gesprochen auf dem Weg nach oben?«

»Wir haben Witze gemacht und Geschichten erzählt, uns gegenseitig zum Lachen gebracht, uns auf den Arm genommen. Wir zogen von Stockwerk zu Stockwerk, ohne dass jemand sich beklagte. Im fünfzehnten Stock fiel uns dann auf, dass einer der Freunde, der ein bisschen mollig war, nicht viel redete. ›Alles okay?‹, fragte ich ihn. ›Ja‹, erwiderte er schroff. Haben wir nicht alle so einen Freund, der einfach furchtbar unbeholfen darin ist, etwas Lustiges zu erzählen? Genau solch ein Typ war er.«

»Meine Freunde sind alle lustig«, rief Harry aus.

»Na, dann sind Sie wahrscheinlich selbst derjenige, der nicht lustig ist«, frotzelte ich. »Wie auch immer, nach einigen Minuten der Überredung brachten wir diesen Freund schließlich dazu, uns eine Geschichte zu erzählen. Zuerst stammelte er herum, doch dann platzte er heraus: ›Meine lustige Geschichte ist, dass ich die Schlüssel zu unserem Zimmer in der Rikscha vergessen habe.‹ Uns allen fiel die Kinnlade herunter. Im Lotustempel hatten wir gerade etwas über das Prinzip der Gewaltlosigkeit – Ahimsa – gelernt, aber in dieser Situation war es unmöglich, Ahimsa zu praktizieren! Mit all der Selbstbeherrschung, die wir aufbringen konnten, begannen wir unseren schweigenden Abstieg zur Rezeption und beteten, dass das Hotel noch einen Ersatzschlüssel hatte.«

Harry lachte schallend. »Ich sehe förmlich Ihre gequälten Gesichter vor mir, als er Ihnen offenbarte, dass er den Schlüssel vergessen hatte!«

Ich nickte. »Aber die Lektion hinter dieser Geschichte ist mir erst Jahre später klar geworden. Auch vorhin musste ich wieder daran denken, als Sie Ihre Autoschlüssel vergessen hatten. Harry, Sie haben Unglaubliches im Leben erreicht. Viele träumen davon, so erfolgreich zu sein wie Sie. Von Ihrem Studium an renommierten Institutionen auf der ganzen Welt bis hin zu einer liebenden Partnerin, einer Wohnung im Obergeschoss eines Wolkenkratzers, einem siebenstelligen Gehalt und einem beruflichen Ansehen, mit dem Sie Ihre Altersgenossen weit überflügeln, haben Sie einen langen Weg hinter sich gebracht. Aber ich bin sehr froh, dass Sie die Schlüssel zu Ihrem Glück nicht vergessen haben, als Sie auf der Erfolgsleiter nach oben geklettert sind. Denn in unserer Gesellschaft sind wir oft allzu schnell dabei, uns auf die äußeren Leistungen zu konzentrieren, und vergessen darüber die Frage, ob wir mit unserem Leben, so wie es derzeit ist, überhaupt zufrieden sind. Ich bin erleichtert, dass Sie diesen Aspekt nicht vernachlässigt haben.«

»Nun ja, das kann wohl sein …«, bemerkte Harry, wobei ich das Gefühl hatte, es sei ihm etwas unbehaglich zumute. Er lächelte nicht mehr. Ich spürte die Veränderung in seinem Tonfall. Eine etwas peinliche Stille senkte sich über uns, als wir aus der Tiefgarage herausfuhren.

Sofort bemerkten die Passanten das Auto und starrten es an.

Ich hatte das Gefühl, dass Harry etwas sagen wollte, wusste aber nicht, was.

··· 2 ···
Hinter den äußeren Anschein blicken

Hinter dem Lächeln
macht jeder Mensch persönliche Kämpfe durch,
von denen wir nichts wissen.

»In erster Linie muss man sich selbst gegenüber ehrlich sein. Wer sich nicht selbst geändert hat, kann unmöglich in der Gesellschaft etwas bewirken ... Große Friedensstifter sind stets integer und ehrlich, aber bescheiden.«

NELSON MANDELA

Haben Sie schon einmal ein Zimmer betreten, in dem sich gerade zwei Personen gestritten hatten? Man spürt sofort die schale Energie im Raum; das Schweigen zwischen ihnen kann ohrenbetäubend sein. Eine Unstimmigkeit in der Kommunikation löst mitunter eine ähnliche Anspannung aus. Als Harry verstummte, fragte ich mich: Hatte ich etwas Falsches gesagt? Hatte ich ihn beleidigt? Jemanden zu beleidigen, der einen gastfreundlich in seinem Heim empfangen hat, ist eines der bedauerlichsten Dinge, die man tun kann. Zwei Minuten vergingen, bevor ich mich entschied, die Blockade zu lösen.

»Wo haben Sie denn diesen Wagen gekauft?«, fragte ich, um das Gespräch auf ein unverfängliches Thema zu lenken.

Harry wusste es offenbar zu schätzen, dass ich versuchte,

wieder eine gemeinsame Gesprächsbasis zu finden, und ging darauf ein. Er fühlte sich anscheinend immer noch nicht wohl dabei, das, was ihn gerade gedanklich beschäftigte, mit mir zu teilen. »Na ja, ich musste ein Auto kaufen, nachdem ich den Mercedes verkauft hatte. In den ersten Wochen nahmen meine Frau und ich überall ein Taxi. Eines Tages, als wir Freunde in Juhu besuchten, hielt das Taxi an einer Ampel direkt vor dem Lexus-Showroom. Da sah ich diesen Wagen hinter der polierten Scheibe funkeln. Ich habe mich auf den ersten Blick in ihn verliebt!« Die Erinnerung munterte ihn auf.

»Offenbar ist dieser Wagen Ihr ganzer Stolz«, antwortete ich.

Er nickte mehrmals. »Es gibt nicht viele Dinge auf der Welt, die einem mehr Freude machen können als so ein Wagen. Achten Sie mal auf die Details der Anzeigen auf dem Armaturenbrett, die Nähte an den weißen Kunstledersitzen und darauf, wie das Lenkrad in der Hand liegt … Er kann tatsächlich von null auf hundert beschleunigen in derselben Zeit, in der ein Mercedes …« Harry trat hart auf die Bremse, unsere Sicherheitsgurte strafften sich, und ich sah, wie er das Lenkrad fest packte. Wir kamen plötzlich zum Stehen. Von seinen Gedanken fortgetragen hatte er nicht bemerkt, dass sich vor uns ein Stau gebildet hatte. »Tut mir leid. Ich frage mich, woran es liegt, dass es hier nicht weitergeht«, sagte er entschuldigend und blickte suchend nach vorn.

»Kein Problem«, antwortete ich und fügte etwas beunruhigt hinzu: »Alles in Ordnung bei Ihnen?«

Harry versuchte in der Ferne die Ursache des Problems zu erkennen, hatte jedoch keinen Erfolg. »Ja, alles okay, aber ich bin überrascht. Hier ist sonst nie so viel Verkehr.« Er klang enttäuscht.

Hinter den äußeren Anschein blicken

Mumbai ist immer noch als Indiens »Crash-Hauptstadt« bekannt, obwohl sich die Situation etwas gebessert hat. Es gibt dort grob geschätzt ebenso viele Autos wie in London, aber mehr als viermal so viele Verkehrstote. Autofahrer sind bisweilen leichtsinnig, wenn sie rote Ampeln überfahren und alles versuchen, um sich im Zickzack durch den dichten Verkehr zu schlängeln.

Doch im Moment waren wir in seinem Auto gefangen und kamen überhaupt nicht vom Fleck. Ich informierte einen Kollegen mit einer Sprachnachricht, dass ich zu spät zu dem Treffen kommen würde. »Wir stecken im Stau fest«, rief ich und tat mein Bestes, um den Lärm der unablässig, aber vergeblich hupenden Autos zu übertönen.

»Sogar mit meinem neuen Wagen stecke ich fest. Es spielt keine Rolle, wie schnell er ist. Ich stecke einfach fest!« Harrys Stimme brach. »Warum fühle ich mich so *gefangen*?«, rief er und schlug auf das Lenkrad seines Glanzstücks ein. »Sind die Leute in den Autos vor mir schuld? Haben die den Stau verursacht? Oder liegt es daran, dass die Straßen nicht breit genug sind? Ich habe sie nicht gebaut. Oder ist es meine Schuld?« Seine Stimme zitterte. »Habe ich das falsche Auto gekauft? Hätte ich ein Motorrad kaufen sollen? Ist es zu spät, um ein Motorrad zu kaufen?«

Ich hatte den Eindruck, dass es etwas in seinem Leben gab, von dem er mir nichts erzählte, und legte ihm die Hand auf die Schulter. Sein Kopf sank herab, und er legte die Hände in den Schoß. Mit zitternden Lippen blickte er von mir weg aus dem Fenster. In der Spiegelung der Seitenscheibe sah ich, dass einige einsame Tränen aus seinen traurigen Augen traten. »Entschuldigung«, sagte er. »Ich weiß nicht, was mit mir los ist.«

»Sie brauchen sich nicht zu entschuldigen. Wir alle haben manchmal das Gefühl, festgefahren zu sein. Warum geht es Ihnen denn so?«, fragte ich möglichst einfühlsam.

»Für all das haben Sie bestimmt keine Zeit.«

»Ich habe alle Zeit der Welt für Sie. Erstens, weil wir hier ohnehin für eine ganze Weile festsitzen werden, und zweitens, weil Sie mir den besten Sambar vorgesetzt haben, den ich je in meinem Leben gekostet habe!«

Er lachte leise, während er sich die Augen mit einem Seidentaschentuch trocknete. Es war ihm bewusst, dass ich ihn aufmuntern wollte. Wenn wir eine Person trösten, kann es leicht passieren, dass wir ebenfalls in ihre traurige Energie verfallen, wodurch wiederum ihr Kummer noch länger anhalten könnte. Darum ist es wichtig, positive, nicht urteilende Energie in solche Gespräche einzubringen.

»Womit soll ich anfangen?«

»Womit auch immer Sie sich wohlfühlen«, flüsterte ich. »Ich höre zu.«

Er stieß einen Seufzer aus und begann. »Nur ein Trottel würde sagen, dass er ein solches Auto fährt und dabei unglücklich ist, aber wahrscheinlich bin ich so ein Trottel. Ich habe alles, was ich mir nur hätte erträumen können, aber innerlich habe ich das Gefühl, dass mir etwas fehlt.«

Wieder schaute er hinaus, so als erblickte er dort die verlorene Vergangenheit, die er mir gleich offenbaren würde.

»Es begann am Indian Institute of Technology Bombay. Ich wollte überhaupt nicht dorthin. Ich wollte nie Software Engineering studieren, aber meine Eltern akzeptierten kein Nein. Sie beharrten darauf: ›Da liegt das Geld. Wenn du es ans IIT schaffst, steht dir alles im Leben offen.‹ Und wenn ich ihre Ansicht doch einmal anzweifelte, redeten sie mir ein schlechtes Gewissen ein und brachten wieder aufs Tapet, wie viel sie für mich getan hatten und dass ich sie nicht im Stich lassen durfte.« Er unterbrach sich, weil er meinte, es ginge mit dem Verkehr voran, doch er hatte sich zu früh gefreut; wir saßen immer noch fest. »Ich glaube, meine Eltern haben ihre eigenen Ambitionen durch mich gelebt«, fuhr er fort. »Mein Vater war fasziniert von der Aktualisierungssoftware in der Textilausrüstung seiner Fabrik. Er wollte, dass ich wie einer dieser Superhelden in seiner Firma werde, die einfach hereinspazieren und jedes technische Problem lösen.«

»Sie sind vielleicht kein Softwareentwickler geworden, aber jetzt sind Sie doch trotzdem erfolgreich, oder?«, gab ich zu bedenken. »Sie waren in Harvard!«

»Harvard war mein Protest!«, erklärte Harry unwirsch. Er atmete tief durch: »Ich musste einfach weg von meinen Eltern und Geschwistern. Ich wollte mein eigenes Leben haben, also bin ich nach Amerika geflohen. Ich weiß, es erscheint lächerlich, aber ich habe gar nicht gründlich über den Harvard-MBA-Studiengang nachgedacht. Ich habe ihn einfach so gewählt, nur um wegzukommen. Ich hatte ein Vollstipendium. Nachdem ich jahrelang das Falsche studiert hatte, wollte ich endlich mein eigenes Leben führen.«

»Und war Harvard die Lösung?«

»Leider nicht. Ich habe den Studiengang zwar abgeschlossen, aber es war nicht meine Berufung. Toll war natürlich, dass ich Lalita oder Lily traf, wie ihre Freunde sie dort nannten. Wir sind beide Südinder und fühlten uns deswegen sofort verbunden. Vergessen Sie diesen Wagen – das mit Lalita war auf jeden Fall Liebe auf den ersten Blick! Faszinierend fand ich auch, dass sie Medizin studierte und Kinderärztin werden wollte. Vielleicht beneidete ich sie manchmal ein bisschen, denn an diesem Punkt wurde mir klar, dass auch ich gern Medizin studieren wollte. Aber es war zu spät. Ich hatte weder die Zeit noch das Geld dazu. Also behielt ich das alles für mich, und wir kehrten nach Indien zurück, um zu heiraten.«

Es kostete ihn offenbar viel Kraft, all das zu enthüllen, aber ich wollte ihn nicht unterbrechen.

»Unsere Ehe ist wunderbar. Zumindest fing sie wunderbar an. Lalita war in der Ausbildung zur Kinderärztin, und ich wurde von einem Headhunter für den Posten in meiner jetzigen Consultingfirma angeworben. Sie versprachen mir ein sechsstelliges Gehalt, den Bonus nicht mit eingerechnet. Ich bin ziemlich schnell aufgestiegen – aber um welchen Preis, frage ich mich ständig. Der berufliche Stress, dem wir beide ausgesetzt sind, und unsere langen Arbeitszeiten haben unserer Beziehung geschadet. Wir haben kaum Zeit füreinander, geschweige denn für Kinder. Dass Lalita so etwas Nettes zu mir sagt wie vorhin kurz bei uns zu Hause, kommt selten vor. Sie hat keine Ahnung, wie sehr mich ihre harten Worte verletzen, was zu Streit und, na ja, Sie wissen schon, zu Eheproblemen führt. Neulich ist unser Streit so schlimm eskaliert, dass sie brüllte, sie würde sich scheiden lassen.«

Er blickte erneut aus dem Fenster. Das Meer, das uns zuvor in der Wohnung seine kühlende Brise geschenkt hatte, lag nun silbrig schimmernd in der Hitze da.

»Wie kann eine Liebe, die so rein anfing, sich so schnell verflüchtigen? Komischerweise bin ich trotz allem in einer Phase, in der mir meine Arbeit nicht gefällt. Auf mein Zuhause freue ich mich aber ebenso wenig. Doch wer würde angesichts meiner gesellschaftlichen Position schon glauben, dass ich nicht glücklich bin?«

»Er ist wirklich ehrlich«, dachte ich mir. Unser Ego ist so beschaffen, dass wir anderen nur dann unsere Sorgen eingestehen, wenn wir entweder unglaublich bescheiden oder aber erheblichem Leidensdruck ausgesetzt sind. Meinem Empfinden nach war es bei ihm eine Mischung aus beidem. Wir neigen dazu, Menschen nach dem äußeren Anschein zu beurteilen und das, was sie nach außen hin darstellen, gleichzusetzen mit dem, was sie innerlich fühlen. Das Paradox unserer Zeit liegt darin, dass diejenigen, die am meisten besitzen, oft am unzufriedensten sind. Wir haben gelernt, wie man erfolgreich wirkt, aber nicht, wie man sein Leben so organisiert, dass man sich auch tatsächlich erfolgreich fühlt – das kam mir in den Sinn, als er sprach, doch ich behielt es für mich. Mir ist es wichtiger zuzuhören, um zu verstehen, als zuzuhören, um zu antworten. Die Räder des Autos rollten ein paar Meter weiter. Wenigstens bewegten wir uns.

3
Der Weg beginnt

Einen Freund zu haben, der zuhört
und mit uns über unsere Probleme spricht,
ist der Beginn, um eine Lösung zu finden.

»Eine Reise von tausend Meilen
beginnt mit dem ersten Schritt.«

LAOZI

Was können wir tun, wenn Menschen, die uns nahestehen, ihre Sorgen mit uns teilen? Ich wollte so viel sagen, als Harry von seinem inneren Aufruhr sprach, doch dann erinnerte ich mich an meine Mönchsausbildung: Stille Präsenz kann mehr bewirken als eine Million leerer Worte. Wir alle haben zwei Ohren und einen Mund; in diesem Verhältnis sollten Zuhören und Sprechen zueinander stehen. Bevor Menschen nicht gründlich angehört worden sind und sich verstanden fühlen, wollen sie selten aktive Lösungsvorschläge für ihre Probleme haben.

Ich erinnere mich noch daran, wie es war, wenn früher jemand zu mir kam und sich mir anvertraute. Ich war damals ein frischgebackener eifriger junger Mönch, der gerade herausgefunden hatte, was seine Lebensaufgabe war, und die Welt mit diesem neu gewonnenen Bewusstsein retten wollte. In meiner unreifen Art stürzte ich mich umgehend auf die Lösung, sobald sie mir einfiel, weil mir nicht klar war, dass es die Menschen gar nicht kümmert, was jemand anders erkennt, solange sie sich nicht sicher sind, dass der andere wirklich Anteil nimmt. Im Grunde schließt die Antwort auf alle menschlichen Probleme selten ein bewusstes, mitfühlendes Ohr aus. Die Einstellung, aufmerksam zuzuhören, ist zudem auch wichtig für die Lösungen, die wir vielleicht vorschlagen. Diesen Fehler würde ich diesmal mit Harry nicht machen.

Ich war froh, dass der Verkehrsfluss wieder etwas in Gang kam; auch der Fluss meiner Gedanken klärte sich. Einige Momente des Schweigens vergingen, bevor ich das Wort ergriff. »Harry, es tut mir so leid, dass Sie das durchmachen. Vielen Dank, dass Sie mir vertrauen und mir davon erzählt haben. Wird es nicht schon allein dadurch leichter, mit jemandem über Ihre Probleme zu sprechen? Haben Sie nicht die Hoffnung, dass es jetzt besser wird?«

Harry sah mich an, überzeugt war er aber nicht. »Ich will raus aus diesem Schlamassel. Doch ich sehe keine Möglichkeit, das zu schaffen, ohne mein Leben komplett zu ruinieren. Ich bin fast vierzig Jahre alt; es ist zu spät für drastische Veränderungen. Was soll ich tun?«

»Was soll ich tun? Das sind vier Wörter, die alle Lebensberater hassen«, dachte ich. Und zwar deswegen, weil jeder direkte Rat, den man daraufhin erteilt, zu einem »Zauber« wird, der, sofern man ihn befolgt, »garantierte Ergebnisse« liefert, denn Gaur Gopal Das hat es ja gesagt. Aber so ist es nicht. Wenn wir anderen blind wie die Schafe hinterherlaufen, kann uns das in die Irre führen. Lebensentscheidungen zu treffen ist vergleichbar mit einem Einkauf im Shopping-Center. Die Verkäuferin kann uns zwar alle verfügbaren Produkte zeigen und die Vor- und Nachteile jedes einzelnen erklären, aber am Ende müssen wir selbst die Wahl treffen. Die endgültige Entscheidung liegt in unserer eigenen Verantwortung.

»Ich bin nicht Ihr Guru, sondern Ihr Freund«, sagte ich nachdrücklich. »Wir müssen unsere eigenen Entscheidungen treffen, und ich kann Ihnen nur im Rahmen meiner Fähigkeiten helfen. Ich weiß nicht alles, und ich erhebe auch nicht den Anspruch, alles zu wissen, aber aus meiner Erfahrung, Tausenden Menschen auf der ganzen Welt ein Freund zu sein, bin ich sicher: Sie sind nicht allein. Viele Menschen haben mit ähnlichen Problemen zu kämpfen wie Sie.« Harry seufzte erneut, während wir weiterhin im Schneckentempo durch den Verkehr in Mumbai krochen, aber es schien ein Seufzer der Erleichterung zu sein.

»Sehen Sie, wie viele Leute in diesem Stau feststecken?«, fragte ich. »Sie alle sind wie wir. Sie sitzen zwar in verschiedenen Autos, aber sie stecken alle fest. Schauen Sie sich um. Der ältere Herr dort, der ein Taxi mit westlichen Touristen auf dem Rücksitz fährt, der Taxifahrer da drüben, der alte Bollywood-Klassiker im Radio mitsingt, und sogar der Rolls-Royce dort hinten ...« Harry zuckte zusammen beim Anblick eines Autos, das »besser« war als seins. »Wir alle haben dreierlei gemeinsam: Wir stecken fest, wir haben einen Weg vor uns, und wir haben ein Ziel. Stellen Sie sich nun vor, der Stau wäre aufgelöst. Wir könnten ungehindert und in Ruhe unseren Weg beenden und unser gewähltes Ziel erreichen.«

»Aber was hat das denn mit meiner Situation zu tun?«, entgegnete Harry.

»Wir haben einen Stau im Kopf, Harry. Und dieser Stau hindert uns alle daran, unser wahres Potenzial zu erreichen. Stellen Sie sich vor, wir wüssten, wie wir diese Störung auflösen könnten. Keine Abgase der Unsicherheit, die uns zum Husten bringen, niemand, der uns durch sein Hupen von dem ablenkt, was wichtig ist, und genug Benzin, das uns versorgt, damit wir ein lebenswertes Leben führen können.«

In Harrys Augen waren keine Tränen; ich entdeckte nur Interesse in ihnen.

»Der Prozess, den Stau in meinem Kopf aufzulösen, begann vor 22 Jahren. Es tut mir leid, dass ich meinen Eltern dadurch Leid verursacht habe, aber damals bin ich von zu Hause weggelaufen, um Mönch zu werden. Zu jener Zeit erfuhr ich von den Lebensrädern. All die Autos um Sie herum haben vier Räder, die gleichmäßig rund laufen. Weniger Luft in einem der Reifen kann bewirken, dass Sie langsamer vorankommen und Ihr Ziel später erreichen; der Verlust eines Rads kann sogar tödlich sein. Daher ist es unerlässlich, die Reifen regelmäßig zu überprüfen und zu warten. Dementsprechend gibt es vier Prinzipien, die die Grundlage für ein glückliches Leben bilden. Sie basieren nicht auf einer wie auch immer gearteten Benennung, mit der wir uns selbst belegen, und sie beziehen sich auf alle, egal ob Mönch, Nonne oder verheiratet, jung oder alt, reich oder arm, atheistisch oder religiös. Sie sind auch nicht von der Nationalität, der ethnischen Abstammung, dem Geschlecht oder dem Beruf abhängig.«

Harry blickte mir gerade in die Augen, als das Auto erneut zum Stehen kam. »Ich bin bereit, sie zu lernen. Eigentlich bin ich schon bereit dafür, seit ich achtzehn bin.«

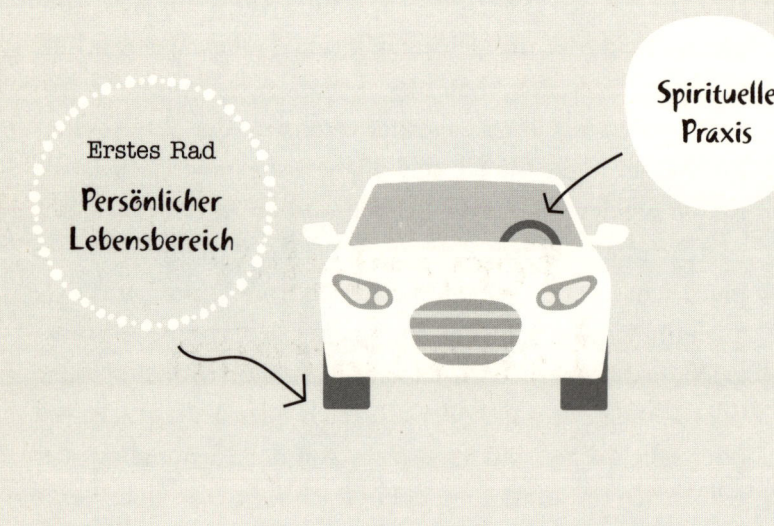

ERSTES RAD

Persönlicher Lebensbereich

··· 4 ···
Durch Dankbarkeit wachsen

Wir sollten noch in der trostlosesten Situation
etwas Positives finden und das Prinzip
der Dankbarkeit im Leben umsetzen.

»Wir lernten etwas über Dankbarkeit und
Bescheidenheit – so viele Menschen waren an
unserem Erfolg beteiligt, angefangen bei den Lehrern,
die uns inspirierten, bis hin zu den Hausmeistern,
die unsere Schule sauber hielten … und wir wurden
gelehrt, den Beitrag jedes Einzelnen zu schätzen …
und jeden mit Respekt zu behandeln.«

Michelle Obama

··· · ···

Harrys heller Teint stand im Kontrast zu seinen dunkelbraunen Augen und betonte ihn. »Die Augen sind das Fenster zur Seele«, dachte ich. Als er mich so direkt anblickte, bemerkte ich, dass seine Augen stellenweise rot geädert waren – vielleicht teils deswegen, weil es ihn unter Stress gesetzt hatte, mir von seiner Notlage zu erzählen, teils vielleicht aber auch deswegen, weil er wegen des vor uns liegenden Gesprächs aufgeregt war.

»Sie hatten vom geistigen Stau gesprochen«, sagte Harry, begierig darauf, wieder auf Kurs zu kommen. Kurz verloren wir den Blickkontakt, als er seinen Hals über dem Lenkrad nach vorn reckte, um zu sehen, ob sich der Verkehr vor uns auflöste. Das geschah tatsächlich, wenn auch schleppend. »Also, der geistige Stau«, wiederholte er.

»Der geistige Stau.« Ich lächelte ihm zu. »Der Geist dient uns dazu, die Welt wahrzunehmen. Wir sehen die Dinge nicht so, wie *sie* sind, sondern so, wie *wir* sind. Vergleichbar mit Ihrer Sonnenbrille …« Ich wies auf seine Designerbrille, die auf dem Armaturenbrett lag. »Wenn Sie sie tragen, ändert das Ihre Sicht der Welt. Was vorher hell und leuchtend aussah, wirkt jetzt langweilig und leblos. Die Dinge selbst haben sich nicht verändert, nur Ihre Wahrnehmung.« Das Auto stand nun wieder. Harry fummelte an der Fassung seiner Sonnenbrille herum und sann über meinen Standpunkt nach.

»Aber die Dinge ändern sich doch wirklich mit der Zeit. Meine Frau und ich sind ganz andere Menschen geworden.«

»Da stimme ich zu. Die Zeit bleibt für niemanden stehen. Die Dinge ändern sich zum Guten wie zum Schlechten, aber was wir wahrnehmen, liegt bei uns. Es ist eine persönliche Entscheidung. Sehen wir das Positive oder das Negative in einer Situation?«

Ich konnte seine Verwirrung spüren.

»Lassen Sie mich Ihnen ein Beispiel aus meinem Leben geben«, sagte ich und begann zu erklären.

Das Positive sehen

Wir alle sind unterschiedlich aufbrausend. Einige von uns haben ein Temperament wie ein indischer Sommer: heißblütig und leicht reizbar. Manchen jedoch gelingt es, selbst in den schlimmsten Katastrophen besonnen zu bleiben. Als Mönch wurde mir beigebracht, meine Gefühle im Griff zu behalten. Also ging ich natürlich davon aus, dass ich zur letztgenannten besonnenen Kategorie gehörte – bis zu dem Tag, an dem mir klar wurde, dass ich doch noch nicht so weit war.

Für die meisten Menschen weckt das Wort ›Ashram‹ die romantische Vision eines Tempels mit unaussprechlichem Namen am Fuß eines Berges. Nicht so unser Ashram! Er ist ein Netz aus Korridoren im Süden Mumbais, einem Teil der Stadt, der nie schläft. Wenn über hundert Mönche zusammenleben, hat man mitunter das Gefühl, es sei überfüllt. Man kann sich vorstellen, wie lange wir morgens auf einen Platz im Bad und auf der Toilette warten. Eines Tages vor zehn Jahren stürzte ich in den Raum meines spirituellen Mentors Radhanath Swami. Wir haben Glück, dass er bei uns im Ashram lebt und für uns da ist, um unsere Momente der Freude zu teilen und sich unsere Kümmernisse anzuhören. Sein Wohnbereich ist außergewöhnlich! Könnte man den Geruch der Einfachheit einfangen und als Duft verkaufen, wäre das die Essenz seines Zimmers. Auf nur fünf Quadratmetern mit zwei einfachen Neonröhren an der Decke und Strohmatten auf dem Boden fühlt man sich wie in einem Dorfhaus. Der Raum ist karg möbliert: ein kleiner, nur ein paar Zentimeter hoher Tisch und ein Holzstuhl für die älteren Gäste, die ihn besuchen; außerdem deckenhohe Bücherregale an zwei Wänden, in denen alte Weisheitsbücher Seite an Seite mit moderner Wissenschaft stehen. Musikinstrumente – ein Harmonium und eine Mridangam-Trommel – befinden sich neben dem zentralen Ort des Raums: einem kleinen Altar mit seinen Meditationsgottheiten.

»Es ändert sich alles«, murmelte ich leise vor mich hin, während ich an die Tür meines Gurus klopfte.

»Herein!«, rief er. Mit gesenktem Kopf schob ich mich missgelaunt durch die Holztür. Radhanath Swami saß an seinem niedrigen Tisch auf dem Boden, mit verschränkten Beinen und aufrecht. Während ich mich ebenfalls hinsetzte und die Beine kreuzte, wiederholte ich das, was ich beim Anklopfen gesagt hatte, noch einmal etwas lauter.

»Es ändert sich alles!« Ich konnte es nicht mehr aushalten, es musste einfach heraus.

»Gaur Gopal?«, sagte er in fragendem Tonfall mit seinem amerikanischen Akzent, der inzwischen auch einen indischen Einschlag hatte. Über seine Lesebrille hinweg blickte er mich durchdringend an. Er schloss das Buch, das er gelesen hatte und dessen Umschlag wie ein Relikt aus einer vergangenen Zeit aussah, und nahm mit den Händen auf dem Schoß seine ursprüngliche Haltung wieder ein. Ich hatte seine Aufmerksamkeit. Das war mein Signal zu sprechen.

Es brach alles aus mir heraus. 45 Minuten lang zählte ich pingelig jedes kleinste Kümmernis, jede Beschwerde auf, die ich gegen das Tempelmanagement und die vielen Menschen, die mir Unrecht getan hatten, vorzubringen hatte. Ich klagte, wenn das so weiterginge, sei das der Niedergang unserer Gemeinschaft. Ich fühlte mich wie ein selbst ernannter Retter, der darauf hinweisen musste, dass derartige negative Verhaltensweisen unsere Gemeinschaft infiltrierten. »Wenn wir nichts dagegen unternehmen, wird das noch alles ruinieren!«, endete ich schließlich.

Mit undurchdringlicher Miene saß er da. Er hatte meine Nörgeleien mit keinem Wort unterbrochen.

»Bist du fertig?«, fragte er streng.

Ich seufzte. »Ja.«

»Es geschehen so viele positive Dinge in unserer Gemeinschaft«, begann er. In den nächsten 45 Minuten ging er auf keine einzige meiner Beschwerden ein. Er konzentrierte sich nur auf das Positive und sorgte dafür, dass meine Stimmung sich hob. »Ich behaupte nicht, dass diese Probleme nicht existieren, aber das wirkliche Problem ist: Wenn der Geist ausschließlich von Negativität in Beschlag genommen wird, kommt uns nicht nur die Fähigkeit abhanden, das Schöne um uns herum zu sehen, sondern wir können auch die Probleme, mit denen wir konfrontiert sind, nicht mehr lösen. Darum müssen wir unseren Verstand so trainieren, dass wir uns auf das Positive konzentrieren und gleichzeitig in der Lage sind, mit Negativem klarzukommen.«

Dann wandte er noch einmal dieselbe Zeit dafür auf, praktische Lösungen für all meine Probleme durchzugehen. Schließlich wies er mich an, mit den anderen Mönchen im Speisesaal zu Mittag zu essen. Er hatte also die Tatsache, dass einige meiner Beschwerden begründet waren, nicht außer Acht gelassen.

Es war nicht so, dass all die Probleme, die ich hatte, nicht real gewesen wären. Wir alle sind hin und wieder mit echten Schwierigkeiten konfrontiert, für die Lösungen gefunden werden sollten. Doch Radhanath Swami lehrte mich, welch starke Wirkung es hat, wenn man sich um eine positive Geisteshaltung bemüht und gleichzeitig konstruktiv mit Problemen umgeht.

»Das bringt natürlich viel Klarheit«, sagte Harry.

Ich spürte ein »Aber«.

»Aber wie lange hat Ihre positive Einstellung denn angehalten? Wollen Sie behaupten, Radhanath Swami hat Ihnen aufgetragen, eine positive Einstellung zu entwickeln, und das hat dann auf wundersame Weise tatsächlich einfach so geklappt?«

»Nun, das Wunder hielt zumindest eine Stunde bis zum Mittagessen an«, lachte ich. »Eine solche Geisteshaltung entwickelt sich erst mit der Zeit, das wurde mir beim Mittagessen richtig klar.«

Ein unvergessliches Mittagessen

Ich verließ Radhanath Swamis Zimmer in bester Stimmung. Das ist eine Wirkung, die erleuchtete Menschen auf andere haben: In ihrer Gegenwart fühlen sich andere inspiriert. Beschwingt und voller positiver Energie galoppierte ich förmlich in den Speisesaal (nicht physisch – jeder, der schon einmal einen Dhoti getragen hat, weiß, wie schwierig das wäre). Die Küche in unserem Ashram kocht täglich Mittagessen für über zweihundert Personen. Dort gibt es Töpfe, die größer sind als so mancher ausgewachsene Mann, und Gasbrenner mit höheren Flammen als die vieler zeremonieller Hochzeitsfeuer. *National Geographic* hat unsere Küche in einer Folge der Dokumentarfilmserie »India's Mega Kitchens« vorgestellt.

Gedämpfter Reis, Dal (Linsen), würzige Gemüsecurrys und heiße Chapatis (Fladenbrot) – ein einfaches, aber sättigendes Mahl. Und es schmeckte mir in jenem Moment noch besser, weil ich die Menschen um mich herum nun noch mehr wertschätzen konnte. Die Anwesenden waren ein bisschen wie mein Mittagessen: Manchmal fehlt das Salz im Dal, das Curry ist zu scharf, oder die süßen frittierten Gulab-Jamun-Teigbällchen enthalten etwas zu viel Ghee. Trotzdem nähren mich diese Speisen. Ich betrachtete jedes Gesicht. In der Vergangenheit hatte ich vielleicht Fehler bei anderen entdeckt, doch sie alle hatten mir auf meiner Reise geholfen. An diesem Tag lernte ich: Wenn wir negativ über jemanden denken, sollten wir dieser Energie sofort entgegenwirken, indem wir drei positive Eigenschaften des Betreffenden betrachten. Ungeschickt nahm ich Augenkontakt mit vielen Mönchen im Saal auf, indem ich sie zu lange anblickte, und ließ sie mit verwirrtem Gesichtsausdruck zurück. Meine Absicht war jedoch richtig; ich trainierte meinen Geist, das Gute zu sehen.

Während ich meine Gedanken und das Mittagessen verdaute, kehrte ich in mein Zimmer zurück, um einen Vortrag zu planen, den ich am Abend halten wollte. Ich schaltete meinen Laptop ein, der eine Unmenge nicht gelesener E-Mails zum Vorschein brachte. Ich hatte keine Zeit, sie zu lesen, wenn ich rechtzeitig fertig werden wollte. »Worüber könnte ich nur sprechen?«, fragte ich mich, während ich rhythmisch mit den Fingern gegen die Seite des Laptops klopfte und in meinem Stuhl schaukelte. Mir fiel nichts ein.

Mir hing etwas zwischen den Zähnen, das störte mich. Ein kleiner Kreuzkümmelsame hatte sich rechts unten zwischen den Backenzähnen eingenistet. Ich »friemelte« unablässig daran herum: Es war, als würde meine Zunge Tennis gegen meine Zähne spielen, mit dem Samen als Ball. Nach fünfzehn frustrierenden Minuten und dem Gefühl, zwei Sätze in diesem erbitterten Tennismatch verloren zu haben, begab ich mich ins Bad. Meine erste Taktik war, den Mund auszuspülen. Ich setzte eine Reihe von Bewegungen ein, um den Kreuzkümmel auszuspülen, jedoch ohne Erfolg. Das Gewürz, das den Raum zwischen meinen Zähnen besetzt hatte, blieb beharrlich an Ort und Stelle.

Meine zweite Taktik erhöhte den Druck auf meinen unwillkommenen Freund: Zahnseide. Um ehrlich zu sein – Zahnärzte, die dies lesen, mögen mir vergeben –, verwendete ich sie selten, sodass mir die Geschicklichkeit im Umgang mit der minzig-frischen Schnur fehlte. Als letztes Mittel griff ich schließlich auf eine der Interdentalzahnbürsten zurück, die ich gelegentlich benutzte. Das sind kleine feinborstige Bürsten, die in die Zahnzwischenräume passen und wie kleine Zahnbelag-Bekämpfungsschwerter aussehen. Wie Sie bestimmt schon ahnen, war ich erfolgreich. Mit einem gezielten Stoß zwischen meine Zähne stach ich mitten hinein in den Kreuzkümmel und verbannte ihn so für immer aus meinem Mund. Es war ein kleiner, aber bedeutsamer Sieg.

Als ich zu meinem Laptop zurückkehrte, wusste ich genau, was ich an diesem Abend präsentieren würde: meine Erfahrungen ›Radhanath Swami und der Kreuzkümmel‹. Es war ein Titel, der hinreichend neugierig machte, aber auch witzig war, sodass die Leute sich darüber amüsieren konnten. Mein Erlebnis mit dem Kreuzkümmelsamen barg jedoch eine wertvolle Lektion in sich.

Der Verstand ist wie die Zunge. Er driftet auf die negativen Bereiche unseres Lebens zu und versetzt uns in Unruhe und Sorge. Er schmiedet Pläne, wie er die Probleme, die uns so viel Leid bereiten, mit der Wurzel herausziehen könnte, ohne zu erkennen, dass das ständige Planen uns nur noch mehr emotionalen Schaden zufügt. Der Verstand vernachlässigt die 31 anderen ›samenfreien‹ Lebensbereiche und trifft somit die Wahl, sich nicht auf die einfachen Freuden zu konzentrieren, die uns zur Verfügung stehen. Damit will ich nicht sagen, dass wir uns überhaupt nicht mit unseren Lebensproblemen beschäftigen sollen. Wir brauchen natürlich auch praktische Lösungen – Interdentalbürsten sind notwendig. Aber wir sollten uns nicht von den Problemen aufzehren lassen, das führt nur zu Leid und Elend. Wir müssen uns darauf konzentrieren, dankbar zu sein.

Durch Dankbarkeit wachsen

Dankbarkeit ist kein Gefühl, sondern ein Geisteszustand, der entwickelt werden kann. Durch sie können wir aus einem Reservoir unbegrenzter positiver Energie schöpfen. Dankbarkeit vollzieht sich in zwei Schritten. Der erste besteht darin zu erkennen, dass es Gutes auf der Welt gibt und dass uns Gutes widerfahren ist. Als Zweites müssen wir erkennen, dass das Gute nicht uns selbst entspringt, sondern von etwas anderem kommt: Eine äußere Realität gibt unserer Realität Gnadengeschenke – vielleicht die Familie, unsere Freunde, die Natur und sogar Gott. Wir haben so viel, wofür wir dankbar sein können!

Statistisch gesehen haben wir stets mehr Grund, dankbar zu sein, als es nicht zu sein. Undankbar zu sein bedeutet, dass wir die Segnungen in unserem Leben vergessen und ignorieren, dass andere gut zu uns gewesen sind. Dankbarkeit hat jedoch nicht nur positivere Gefühle zur Folge: Besserer Schlaf, mehr Freundlichkeit gegenüber anderen, das Gefühl, lebendiger zu sein, und sogar ein besseres Immunsystem – das alles sind Vorteile, die sich aus dem Dankbarsein ergeben.

Ein Gedicht von Johnson Oatman jr., das wir damals in meiner Grundschule sangen, fasst treffend zusammen, was ich sagen will:

Wenn in des Lebens sturmgepeitschten Wogen,
Du mutlos bist und denkst, du seist verloren,
Dann zähl das Gute, sieh es einzeln an,
Und staune: All das hat der Herr getan.

Harry fragte: »Also ist Dankbarkeit der Schlüssel dazu, sich eine positive Einstellung zu bewahren und glücklich zu bleiben?«

»Genau«, antwortete ich. »Denn es ist nicht so, dass die Glücklichen dankbar sind, sondern die Dankbaren sind glücklich. Leuchtet das ein?«

»Teilweise.« Harry zögerte. »Ich kann mir vorstellen, wofür ich dankbar sein sollte, aber nicht alle sind in so einer Situation. Ich kenne Menschen, die durch die Hölle und wieder zurück gegangen sind, sei es, dass sie geliebte Menschen verloren haben, sei es, dass sie krank sind. Wie können sie denn dankbar sein?«

Aus irgendeinem Grund kamen mir meine Freunde in Mumbai in den Sinn, bei deren Tochter Krebs im Endstadium diagnostiziert worden war. »Ja, Sie haben recht, Harry. In manchen Situationen ist es schwer, dankbar zu sein. Darum müssen wir vorsichtig sein, wenn wir anderen das Prinzip der Dankbarkeit erklären. Wenn Menschen leiden, sollten wir ihnen nicht auf unsensible Weise sagen, dass sie dankbar sein sollen. Das wäre nicht mitfühlend. Dankbarkeit ist eine vielschichtige Angelegenheit. Sehen wir uns diese Schichten einmal gründlich an.«

Unheilbar

Was ist die schlimmste Krankheit, die man sich vorstellen kann? Für die meisten ist es sicherlich Krebs. Doch diese Krankheit bringen wir normalerweise nicht mit jungen Menschen in Verbindung. Professor Peter Sasieni vom Zentrum für Krebsprävention am Wolfson Institute of Preventive Medicine der Queen Mary University in London stellt fest: »Krebs ist in erster Linie eine Alterskrankheit. Mehr als 60 Prozent aller Fälle werden bei Menschen über 65 Jahren diagnostiziert.« Es ist eine Krankheit alter Menschen. Dies war jedoch nicht die Erfahrung meiner Freunde, bei deren viereinhalbjähriger Tochter Gandharvika einer der im Menschen am schnellsten wachsenden Tumore diagnostiziert wurde: das Burkitt-Lymphom.

Gandharvikas Vater Mukund Shanbag, ein guter Freund, erzählte mir davon:

»Ich spüre einen Knoten in ihrem Bauch«, sagte der Arzt zu mir. »Und er fühlt sich ziemlich groß an.« Der Arzt hielt inne, wandte sich seinem Computerbildschirm zu und kritzelte einige Notizen aufs Papier. »Ich will Sie nicht beunruhigen«, fuhr er fort. Diese fünf Wörter reichen schon aus, um jemanden wirklich zu beunruhigen. Ich bin Zahnarzt. Manchmal sagen wir Zahnärzte, dass es ein bisschen wehtun könnte, aber in Wirklichkeit kann es dann sehr wehtun. »Ich will Sie nicht beunruhigen, aber da Ihre Tochter auch Bauchschmerzen hat, sollten wir dafür sorgen, dass sie ins Krankenhaus kommt.«

»Einverstanden«, sagte ich zu dem Arzt, der jetzt Nummern ins Telefon tippte und irgendwelche Vereinbarungen traf. »Kommt Ihr Einweisungsschein mit der Post? Wie lange wird das dauern?«, fragte ich naiv.

»Nein, ich will sagen, wir müssen sie sofort *ins Krankenhaus bringen!«, erklärte er. Erschrocken blickte ich ihn an. Wir hatten nach dem Termin Pläne in der Familie, doch sein Gesichtsausdruck signalisierte mir, dass er ihren Zustand für bedrohlich hielt und der Ansicht war, sie müsse sofort behandelt werden.*

Nach einer kurzen Autofahrt kamen wir im Krankenhaus an, wo der Radiologe uns an der Rezeption erwartete. Unser Arzt hatte einige Anrufe getätigt. Der Radiologe kam mir bekannt vor – er war ebenfalls ein Mitglied unserer spirituellen Gemeinschaft. Er führte meine Tochter und mich nach oben zu seiner Abteilung und machte währenddessen nur ein bisschen Small Talk. Ich selbst war nervös, aber Gandharvika fand es aufregend. Für sie war es ein Abenteuer. Ich versuchte, etwas aus dem Radiologen herauszubekommen, seltsamerweise war auch er nervös. Hatte unser Arzt ihm etwas gesagt, was wir nicht wussten?

Oben angekommen führte der Radiologe eine Ultraschalluntersuchung bei Gandharvika durch. Das kalte Gel kitzelte sie am Bauch; ich erinnere mich, dass sie lachte. Der Arzt sprach nicht viel, aber er machte eine Biopsie und sagte, er würde uns wegen der Ergebnisse anrufen. Kein Satz ist lang genug, um auszudrücken, wie lang diese 48 Stunden des Wartens waren. Ich nahm das Telefon, als es klingelte, ließ es aber sofort wieder fallen – der Arzt sagte, dass Gandharvika eine seltene Form von Krebs hatte. Allein das Wort flößte mir Angst ein.

Wie kann man dankbar sein, wenn man weiß, dass jemand, den man mehr liebt als das eigene Leben, von so einer Krankheit betroffen ist? Für meine Frau Pavitra und mich war es anfangs unmöglich, aber die Liebe, die uns von unserer Gemeinschaft entgegengebracht wurde, ist ein gutes Beispiel dafür, wie viel wir dennoch hatten, für das wir dankbar sein konnten.

Unsere Familie und Freunde waren seit Beginn der Behandlung für uns da. Dennoch war der Stress anfangs immer noch überwältigend. Unsere ganze Familie litt darunter. Nicht nur Gandharvika ging durch die Hölle,

sondern auch unsere beiden anderen Kinder Radhika und Rasika, damals sieben und zwei Jahre alt, sahen ihre Eltern zeitweise lange nicht. Sie waren zu klein, um zu verstehen, was vor sich ging. Es war schwer für meine Frau und mich, für sie stark zu sein, da ich wusste, dass die drei bald nur noch die beiden sein könnten. Ich verbrachte fast sechs Monate ununterbrochen im Krankenhaus, während Gandharvika den Teufelskreis der Chemotherapie durchlief – Verschlechterung der Blutwerte, Infektion und Wiederaufnahme. Es war eine unablässige Wiederholungsschleife des Leidens – die härtesten sechs Monate meines Lebens! Was mich davon abhielt, verrückt zu werden, war einerseits meine spirituelle Praxis, aber vor allem die überbordende Liebe unserer Freunde. Eine Freundin nahm unsere Kinder jedes Wochenende mit zu sich nach Hause und behandelte sie wie ihre eigenen, damit sie ihre Mutter nicht vermissten. Meine beiden Schwestern hatten unter der Woche ein Auge auf meine Kinder, während wir uns zwischen Arbeitsplatz und Krankenhaus hin- und herbewegten. Mein Vater bestand darauf, täglich für uns zu kochen, damit unsere Tochter nicht auf hausgemachte Mahlzeiten verzichten musste. So vergingen drei Monate. Diese anormale Situation wurde zu unserer normalen Routine.
Im Alter von vier Jahren, so heißt es, versteht ein Kind allmählich, dass es ein individuelles Wesen ist, mit eigenen Gedanken, Wünschen und Träumen. Aber seine Entwicklung ist naturgemäß – da es ein Kind ist – noch nicht abgeschlossen. Deshalb sind Kinderantworten auf Fragen wie »Was willst du werden, wenn du groß bist?«

so unterhaltsam. Doch als ich durch die dunklen Gänge des Krankenhauses ging, fragte ich mich, ob ich meine Tochter heranwachsen sehen würde.
Ende September ergab sich ein Problem. Gandharvikas Geburtstag rückte immer näher; und verständlicherweise hatte sie ihre gesamte anfängliche Geduld verloren und wollte nach Hause, um ihn zu feiern. Das Problem war, dass sie sich nach ihrem letzten Chemotherapiezyklus ein Fieber zugezogen hatte. Die Chance, dass sie die Station verlassen könnte, waren gleich null, warnten uns die Ärzte. Es brach meiner Tochter das Herz. Zu diesem Zeitpunkt erhielten wir noch mehr Unterstützung. Während Gandharvika am Mittag weiteren Untersuchungen unterzogen wurde, dekorierten Freunde und Familie, allen voran ihre Klassenlehrerin, das Krankenhauszimmer als Geburtstagsüberraschung. Sie brachten Kuchen, Partypoppers und alle möglichen Geschenke von den Klassenkameraden meiner Tochter mit. Es war besser als jeder Geburtstag, den wir hätten planen können! Gandharvika und unsere ganze Familie waren vor Freude überwältigt.
Eine Krebsbehandlung kann in Indien sehr kostspielig sein, weil sie so intensiv ist und lange dauert. Wir kamen zwar zurecht, aber es war doch eine Belastung für unsere Familie. Schließlich boten liebe Freunde an, die Behandlung zu bezahlen – obwohl wir zunächst versuchten, das Angebot abzulehnen. »Wir wollen wirklich auf diese Weise etwas für eure Tochter tun«, sagten sie. Ich war tief gerührt. Für die eigenen Kinder da zu sein ist löblich, aber so viel geben zu wollen, um den Kindern anderer zu helfen, ist geradezu heldenhaft. Wir haben das

Geschenk angenommen, weil es mit so viel Liebe dargeboten wurde.
In dieser schwierigen Zeit hatten wir auch eine Zusammenkunft mit unserem spirituellen Lehrer Radhanath Swami, der nach der Gesundheit unserer Tochter fragte. Er nahm meine Hände in seine und blickte mir in die Augen. »Ich bete intensiv für Gandharvika und für euch alle«, sagte er. Heutzutage wird die Wirkkraft der Gebete von vielen Menschen kleingeredet. Wir dagegen glaubten fest daran, dass die Gebete und guten Wünsche der Mitglieder unserer Gemeinschaft, die so tief in der Spiritualität verwurzelt waren, uns die nötige Kraft verleihen würden, diese nervenaufreibende Lebensphase zu bewältigen.
Gandharvika ist ein Kind voller Energie; sie schließt liebend gern Freundschaften. Auf ihrer Station gab es viele andere Kinder mit derselben Krankheit. Sie spielte mit ihnen, und wir schlossen uns mit ihren Familien zusammen, die dasselbe durchmachen mussten. Wie es so schön heißt: Einigkeit macht stark. Den Krankenschwestern fiel auf, dass unsere Tochter anders war als andere Kinder; sie betete, schaute sich Bücher an und meditierte sogar. Die Krankenschwestern schöpften sehr viel Hoffnung daraus, und viele begannen sogar selbst, eine spirituelle Praxis auszuüben.
Obwohl es uns sehr ermutigte zu sehen, wie andere Kinder gemeinsam mit ihrer Familie gegen den Krebs ankämpften, versetzte es uns doch in Panik, wenn sie die Schlacht verloren. Kinder, die mit demselben Spielzeug gespielt hatten wie Gandharvika, starben unmittelbar vor unseren Augen. Unschuldige Kinder erlagen einer

so vernichtenden Krankheit! Was, wenn Gandharvika einen Rückfall hat? Dieser Gedanke ging mir fortwährend durch den Kopf. Solche negativen Gedanken kamen mir, wie gesagt, besonders dann, wenn ich allein war und in der Leere des Krankenhauses der kalten Stille lauschte. Wie könnten wir es je verkraften, falls wir sie verlieren? In solchen Momenten konnten wir denjenigen, die uns mit ihrer Liebe umgaben, nicht genug dafür danken, dass sie uns halfen, mit unseren Verletzungen fertigzuwerden. Unsere Dankbarkeit für die gesamte spirituelle Gemeinschaft in Mumbai war ein Leuchtfeuer, das uns und die kleine Gandharvika während ihrer Krankheit leitete. Und obwohl wir angenommen hatten, ihre Krankheit sei tödlich, ist Gandharvika heute immer noch bei uns – sie lacht und betet. Wer dankbar ist, ist zwar nicht vor Not und Verzweiflung gefeit, doch dass wir auf vielen verschiedenen Ebenen dankbar sein durften, das war in einer Zeit großer Bedrängnis ein immenser Trost für uns.

»Mein Auto mag zwar schnell sein«, sagte Harry, als ich mich geistig wieder dem Gespräch mit ihm zugewandt hatte, »aber das war wirklich eine emotionale Achterbahnfahrt. Offenbar hatte Gandharvikas Vater eine tiefe Verbindung zur Fähigkeit, dankbar sein zu können.«

»Ja, in der Tat«, sagte ich. »Tatsächlich.« Ich wischte mir die Tränen aus den Augen. »Wir müssen uns Zeit nehmen und beständig üben, dankbar zu sein, wenn wir so sein wollen wie er.«

»Auf jeden Fall«, sagte Harry in düsterer Stimmung. »Ich führe zwar ein sehr hektisches Leben ...«

»Umso mehr ein Grund, Dankbarkeit wirklich zu verstehen«, betonte ich. »Wenn wir sie nicht verstehen, versäumen wir unter Umständen die schönsten Aspekte unseres Daseins.«

Zusammenfassung

→ Wir sollten im Umgang mit Problemen eine positive Einstellung bewahren. Fragen Sie sich stets: Gibt es an der Situation, in der ich mich befinde, auch etwas Gutes?

→ Eine positive Haltung ist nicht gleichbedeutend damit, Negatives außer Acht zu lassen. Wir müssen konstruktiv mit ungünstigen Umständen umgehen und uns währenddessen auf das Gute konzentrieren.

→ So wie sich unsere Zunge beharrlich an etwas abarbeiten kann, was zwischen den Zähnen stecken geblieben ist, beschäftigt sich unser Geist meist obsessiv mit Negativem.

→ Dankbarkeit ist ein Zustand, der es uns ermöglicht, immer auch das Positive zu sehen. Sie entspringt der Erkenntnis, dass es Gutes in der Welt gibt, dass auch wir daran teilhaben und dass dieses Gute von einer äußeren Realität zu uns kommt.

→ Auch in Zeiten voller Schwierigkeiten und Kummer können wir uns innerlich stark fühlen, wenn wir für die Unterstützung fürsorglicher Freunde und Familienmitglieder dankbar sind.

··· 5 ···
Auf »Pause« drücken

Halten Sie regelmäßig inne, und denken Sie über Ihr Leben nach. Dadurch, dass Sie den »Pause«-Knopf drücken und üben, dankbar zu sein, machen Sie Dankbarkeit zu einer Konstante Ihres Lebens.

»Ich liebe diejenigen, die in der Lage sind, in Bedrängnis zu lächeln, die aus der Verzweiflung Kraft schöpfen können und aus dem Nachdenken Mut. Kleine Geister werden immer engstirniger, doch diejenigen, deren Herz standhaft und deren Gewissen im Einklang mit ihrem Handeln ist, folgen ihren Prinzipien bis zum Tod.«

LEONARDO DA VINCI

··· ···

In Worli Sea Face stehen einige der teuersten Häuser der Stadt. Ob Business-Tycoons, Filmstars und sogar Kricketspieler – die Postanschriften wimmeln von berühmten Namen. Ich wies auf einen der Neubauten, die überall aus dem Boden schossen. »Das da gehört einem guten Freund von mir«, sagte ich. Harry blickte mich überrascht an.

»Ich hatte den Eindruck, Ihr reichster Freund sei ich«, sagte er und zog fragend die Augenbrauen hoch.

»Natürlich sind Sie einer meiner reichsten Freunde. Es

wird wohl kaum jemand bezweifeln, dass Sie für Ihr Alter sehr erfolgreich sind. Aber diese Leute spielen in einer anderen Liga. Das Gebäude da wird zehn Stockwerke hoch sein, wenn es fertig ist!«

Harry reckte den Hals, um durch mein Fenster zu beobachten, wie Männer in dünnen Neonjacken und gelben Helmen emsig arbeiteten, um das Paradies eines Milliardärs zu bauen.

»Ich wünschte, ich könnte mir eine Wohnung darin leisten«, sagte er.

»Ich glaube, Sie haben das falsch verstanden, Harry. Die zehn Stockwerke sind allein für die Familie des Geschäftsmannes; es gibt keine separaten Einzelwohnungen.« Während mein Freund mit offenem Mund dasaß, fuhr ich fort. »Tatsache ist: Ich bin sicher, dass dieser Mann genauso hart, wenn nicht sogar härter arbeitet als Sie. Er ist Vorstandsvorsitzender und CEO eines der erfolgreichsten indischen Unternehmen. Aber ich kenne ihn persönlich und weiß deshalb, dass er sich immer die Zeit nimmt, über positive Aspekte einer Angelegenheit nachzudenken. Es liegt an unserer psychischen Veranlagung: Wenn wir dankbar sind für das, was wir haben, entwickeln wir dadurch die Bereitschaft, noch mehr zu empfangen. Sind wir es nicht, versäumen wir tendenziell die Chancen, die sich uns bieten. Das gilt für Geschäftliches ebenso wie für Beziehungen. Wir müssen der Dankbarkeit Priorität einräumen. Wir müssen auf ›Pause‹ drücken und innehalten, um den Duft der Rosen wahrzunehmen.«

Joshua Bell

Hans Christian Andersen hat einmal gesagt: »Musik spricht dort, wo Worte fehlen.« Doch das gilt nur, wenn man sich Zeit nimmt zuzuhören.

Vor über zehn Jahren erschien ein kurzer, unauffälliger Artikel in der *Washington Post*, einer der führenden US-amerikanischen Zeitungen. Sie ist eigentlich bekannt dafür, dass sie die politische Landschaft der Nation widerspiegelt, doch dieser Artikel war anders. Er handelte von einem gesellschaftlichen Experiment, das einige harte Wahrheiten über die Welt, in der wir leben, zum Vorschein brachte.

Die meisten Büroangestellten Washingtons steigen an der Metro-Station L'Enfant Plaza im Zentrum aus. Am Freitag, den 12. Januar 2007, als die Leute auf dem Weg zur Arbeit ihren Kaffee schlürften und Donuts verdrückten, stand ein unauffälliger Mann in Jeans und T-Shirt neben einem Mülleimer in der Station und spielte Geige. In einer Stadt wie Mumbai ist es beim besten Willen nicht gerade prestigeträchtig, auf der Straße Musik zu machen, doch in den Vereinigten Staaten verhält es sich anders: Straßenmusiker genießen zwar kein hohes Ansehen, gelten aber auch nicht als mittellose arme Schlucker – es sind eben Straßenkünstler, die mitunter ein großes Publikum anlocken oder sogar die Aufmerksamkeit der Medien auf sich ziehen.

Wenn jemand an einem öffentlichen Ort Musik macht, hören Sie der Person dann zu? Geben Sie ihr jemals aus Freundlichkeit etwas Kleingeld? Oder eilen Sie mit Schuldgefühlen weiter, weil Sie unter Zeitdruck stehen?

An jenem Wintermorgen führte die *Washington Post* ein Experiment durch: Man wollte herausfinden, ob die Passanten für einen der besten Geigenvirtuosen der Welt stehen bleiben würden, wenn er auf einer der teuersten Geigen, die je gebaut wurden, die erlesenste Musik spielte, die je geschrieben wurde. Würden die Leute ihr kostenloses Ticket für die erste Reihe akzeptieren und dem musikalischen Genie lauschen, oder würden sie ihre Chance vergeuden, während sie zum Capitol Hill eilten?

Der Künstler war der international bekannte Geiger Joshua Bell. Zum Zeitpunkt des Experiments hatte der 39-Jährige die Konzerthalle gegen die U-Bahn-Station eingetauscht und ein Publikum, das ihn bewunderte, gegen eines, das ihn einfach ignorieren könnte. Erst wenige Tage vor dem Experiment hatte Bell Bostons vornehme Symphony Hall gefüllt, wo schon ein gewöhnlicher Platz nicht unter hundert Dollar zu haben ist. Dieses Experiment war ein Test, welche Rolle der Kontext, die Wahrnehmung und die Prioritäten spielen: Halten Menschen inne, um Schönes wertzuschätzen, wenn es sich direkt vor ihnen befindet?

Bell war ein Wunderkind. Seine Eltern, beide Psychologen, beschlossen, ihn musikalisch ausbilden zu lassen, als sie feststellten, dass ihr Vierjähriger mit Gummibändern musizierte – er spannte sie jeweils mehr oder weniger stramm über Seitenschränke hinweg, um die Tonhöhe zu variieren. Seine Berühmtheit stieg, als er ein Teenager war. »Er tut nichts weniger, als den Menschen zu sagen, warum es sich lohnt zu leben«, lautete der Interviewkommentar eines Magazins. Aber würden ihm das auch die Passanten in der U-Bahn-Station sagen? Würden die Massen dieses verkleidete Genie erkennen, das vollkommene Meisterwerke auf einer Geige im Wert von 3,5 Millionen Dollar spielte?

Was meinen Sie? Ein Gratiskonzert von einem der berühmtesten Musiker der Welt! Man würde doch erwarten, dass sich eine Traube von U-Bahn-Pendlern um ihn herum bildet?

Doch das Gegenteil geschah.

Nach drei Minuten streifte ein Mann mittleren Alters Joshua für den Bruchteil einer Sekunde mit seinem Blick, ging aber weiter. Dreißig Sekunden später warf eine Frau einen Dollar in den offenen Geigenkasten und sauste weiter. Erst nach sechs Minuten lehnte sich jemand an die Wand und hörte zu. Die Statistiken waren trostlos. Während der 43 Minuten, die Joshua Bell spielte, blieben sieben Personen mindestens eine Minute lang stehen, 27 gaben Geld, sodass insgesamt 32,17 Dollar zusammenkamen. Übrig blieben 1070 Personen, die das Wunder nicht bemerkten, das sich in nur wenigen Metern Entfernung abspielte.

Die *Washington Post* nahm Bells gesamte Darbietung heimlich auf und erstellte ein Zeitraffer-Video von allem, was geschah – beziehungsweise davon, dass kaum etwas geschah. »Doch selbst bei diesem beschleunigten Tempo bleiben die Bewegungen des Geigers flüssig und anmutig; er wirkt so abgehoben von seinem Publikum – ungesehen, ungehört, nicht von dieser Welt –, dass man meinen könnte, er sei nicht real. Ein Geist. Erst dann sieht man: Er ist derjenige, der real ist. Die anderen sind die Geister«, heißt es in dem Artikel.

Können wir die tausend Menschen, die Bell ignoriert haben, als unkultiviert bezeichnen? Nicht unbedingt. Schon Immanuel Kant stellte fest, dass der Kontext einer Situation wichtig ist. Die Fähigkeit, Schönes wertzuschätzen, hängt mit der Fähigkeit zusammen, moralisch zu urteilen, sagt er sinngemäß. Doch um dazu in der Lage zu sein, müssen die Voraussetzungen des Sehens optimal sein. Kunst in einer Galerie und Kunst in einem Café werden unterschiedlich behandelt. Im Café mögen die Kunstwerke teurer und wertvoller sein, doch die Gäste haben keinen Grund, sie zu beachten, während sie ihren Cappuccino schlürfen. In den meisten Galerien hat man dagegen »optimale« Bedingungen geschaffen, um das Schöne zu genießen: Beleuchtung an der richtigen Stelle, genügend Platz zwischen Kunstwerk und Betrachter, eine Beschreibung des Objekts und so weiter. Lustigerweise kommt es immer mal wieder vor, dass Besucher ganz gewöhnliche Gegenstände in Kunstgalerien verlieren und dann feststellen, dass sich Menschen darum herum sammeln und Fotos machen, weil sie den verlorenen Gegenstand für ein Ausstellungsobjekt halten! Der Kontext manipuliert unsere Perspektive. Darum können wir hier die Fähigkeit der Menschen, Schönheit zu schätzen, nicht beurteilen, da Bell tatsächlich wie ein alltäglicher Straßenmusiker aussah. Doch was sagt das über unsere Fähigkeit aus, das Leben zu schätzen?

Ich habe festgestellt, dass wir Menschen im Lauf der Zeit betriebsamer geworden sind. Wir neigen dazu, Lebensbereiche auszugrenzen, die nicht unmittelbar mit harter Arbeit und dem Anhäufen von Wohlstand zu tun haben. Die moderne Welt ist so beschaffen, dass wir weniger Zeit haben, auf »Pause« zu drücken und Schönes zu würdigen. Die gestressten, auf ihre eigene Situation konzentrierten Menschen in der U-Bahn-Station, die Joshua Bell keine Beachtung schenken, sind zwar grundsätzlich *fähig*, Schönheit zu verstehen, aber es ist offenbar für ihr Leben irrelevant, also entscheiden sie sich dagegen.

Wenn wir uns noch nicht einmal einen Moment Zeit nehmen können, um schöner Musik zu lauschen, die von einem der besten Musiker der Welt gespielt wird, wenn der Druck des modernen Lebens uns so zusetzt, dass wir taub und blind für eine solche Darbietung sind, was entgeht uns dann eigentlich sonst noch alles?

Prioritäten setzen und Dankbarkeit üben

Worli Sea Face in Mumbai zieht mit seiner Meerpromenade die verschiedensten Menschen an. Touristen machen Schnappschüsse nur mit der Bandra-Worli Sea Link, einer 5,6 Kilometer langen Brücke, zwischen sich und dem Horizont, Familien gehen spazieren, Paare halten sich an den Händen, und Läufer geben ihr Bestes.

Die Straße, auf der Harry und ich unterwegs waren, hatte sich erneut in einen Parkplatz verwandelt. »Sehen Sie den da drüben?« Ich wies auf einen Mann Mitte zwanzig, der auf dem Bürgersteig trainierte. »Solch ein Körper kommt nicht von ungefähr. Man muss bestimmt Jahre trainieren, um das zu schaffen. Es erfordert unzählige Stunden harter Arbeit, um ›über Nacht‹ erfolgreich zu sein.« Die Muskeln des Mannes sahen aus wie gemeißelt, sein Armumfang war größer als der Beinumfang eines Durchschnittsmannes. Harry spannte seinen linken Arm an und maß seinen Bizeps mit den Augen. Er lachte und erkannte, wie wenig Muskelkraft er im Vergleich zu dem Herkules hatte, der jetzt Liegestütze am Strand machte.

»Ebenso müssen wir die Muskeln des Geistes trainieren. Für die einen ist Dankbarkeit eine natürliche Veranlagung, für die anderen eine Priorität, die sie ganz bewusst setzen. Aber wie für jeden Muskel gilt auch hier: ›Use it or lose it‹ – benutze es, oder es geht verloren. Auf höheren Praxisebenen brauchen wir Dankbarkeit nicht mehr bewusst zu üben; wir leben in Dankbarkeit. Das ist eine Freude ohnegleichen – nie wieder Momente wie Joshua Bell verpassen!«

»Wie schaffe ich das denn?«, fragte Harry eifrig.

»Wir können erwiesenermaßen eines tun; es kostet nur etwas Engagement und Beharrlichkeit: täglich ein kurzes Dankbarkeitsprotokoll oder -tagebuch führen, das auf drei Prinzipien der Dankbarkeit basiert – (an)erkennen, sich daran erinnern und sich erkenntlich zeigen beziehungsweise revanchieren.«

»Wow, *danke*. Bitte erzählen Sie mir mehr davon!«, unterbrach mich Harry.

»Genau, das Wort ›Danke‹ kann sehr viel bewirken, wird aber zu häufig benutzt, ohne es richtig zu verstehen. Lassen Sie mich das erklären«, sagte ich. »Zuerst sollten wir *erkennen*, was uns Gutes getan wurde, und ›Danke‹ sagen. Das kann leicht noch im selben Moment geschehen, zum Beispiel wenn jemand uns die Tür aufhält oder ein heißes Getränk mitbringt. Die nächste Stufe besteht darin, uns bewusst daran zu *erinnern*, was andere für uns getan haben, um den Dank auch wirklich zu meinen. Kontemplation ist bei Weitem eine der besten Methoden, um Dankbarkeit zu entwickeln. Zeit in Stille mit dem eigenen Geist zu verbringen – ohne wie auch immer geartete äußere Anregung – und in der Kontemplation zu betrachten, wer uns geholfen hat: So können wir unsere Dankbarkeit verinnerlichen.«

Harry gab ein unbestimmtes Brummen von sich und nickte, als würde er gerade über jemanden nachsinnen.

»Und schließlich sollten wir uns erkenntlich zeigen. Wir sollten einen lebendigen Dank abstatten. Danke zu sagen und es wirklich zu meinen wird dadurch, dass wir etwas tun, auf die nächste Ebene gehoben. Über Worte und Gefühle hinausgehend ist echtes Sich-erkenntlich-Zeigen die Grundlage für ein Leben in anhaltender Dankbarkeit. Also, wofür sind Sie dankbar?«

»Nun, ich schätze, ich bin dankbar für diesen Stau, der mir die Gelegenheit gegeben hat, Zeit mit Ihnen zu verbringen!«

Während es um uns herum unaufhörlich hupte, erklärte ich das Dankbarkeitstagebuch genauer.

Das Dankbarkeitstagebuch

Ein Dankbarkeitsprotokoll können Sie auf Ihrem Handy schreiben, zum Beispiel auf dem Weg zur Arbeit. Vielleicht ist es Ihnen aber auch lieber, es in einem ruhigen Raum in ein Tagebuch einzutragen. Es ist eine ganz einfache Übung, die nur etwa zehn Minuten am Tag in Anspruch nimmt; starre Regeln gibt es dabei nicht. Am besten machen Sie sie morgens, denn wenn Sie Ihren Tag mit Dankbarkeit beginnen, sind Sie auch den Rest des Tages über positiv gestimmt.

ÜBUNG Ein Dankbarkeitsprotokoll

Lassen Sie die letzten 24 Stunden Revue passieren, und finden Sie drei bis fünf Personen oder Situationen, für die Sie dankbar sind. Je anschaulicher Sie sich diese vor Augen führen, umso leichter wird es Ihnen fallen, Dankbarkeit aus Ihrem Inneren zutage zu fördern. Die tägliche Beschreibung sollte drei bis fünf Personen oder Dinge umfassen, für die Sie dankbar sind; einmal pro Woche sollten auf Ihrer Liste drei bis fünf Taten stehen, durch die Sie sich gegenüber denjenigen, denen Sie dankbar sind, erkenntlich zeigen können. Dankbar sein können Sie für alles – für ein Lächeln, das Ihnen jemand schenkt; dafür, dass Ihnen jemand einen Sitzplatz in der S-Bahn anbietet oder dass ein Kollege Ihnen etwas zum Mittagessen mitbringt.

Es ist zwar unmöglich, sich für jeden freundlichen Akt zu revanchieren, aber wir können bei den Menschen beginnen, die uns am nächsten stehen. Wählen Sie *einen* Ihrer wöchentlichen Punkte auf Ihrer Liste aus, die das dankbare Handeln betreffen, und setzen Sie ihn in die Tat um. Haben Sie Ihrer Partnerin oder Ihrem Partner schon dafür gedankt, dass sie/er das Abendessen gekocht hat? Haben Sie sich bei Ihrer Mutter dafür bedankt, dass sie Ihre Kleider gewaschen hat? Und vor allem: Was wollen Sie tun, um den Betreffenden zu danken? Schreiben Sie es auf, und spüren Sie noch einmal die Freude, die Sie empfanden, als man Ihnen diese Freundlichkeit entgegengebracht hat.

Wir standen immer noch im Stau, Stoßstange an Stoßstange.

»Es ist eine tolle Übung«, sagte ich. »Sie brauchen auch nicht viel Zeit oder Mühe darauf zu verwenden. Seien Sie einfach nur ehrlich im Hinblick auf das, wofür Sie an diesem Tag dankbar sind.«

Er hielt inne – wieder hatte es den Anschein, als ginge ihm etwas im Kopf herum. »Darf ich Ihnen eine persönliche Frage stellen?«, fragte er nervös.

Nur selten wollten andere etwas Persönliches über mich wissen, aber es war eine erfrischende Veränderung. Schließlich geht es bei Beziehungen um Geben und Nehmen. »Natürlich, Sie haben mir ja auch Persönliches aus Ihrem Leben erzählt. Was möchten Sie denn über meins wissen?«

»Waren Sie jemals in einer Situation, in der es Ihnen unmöglich schien, dankbar zu sein, in der sich überhaupt kein Silberstreif am Horizont abzeichnete?«

Erneut senkte sich nachdenkliches Schweigen auf uns herab.

»Interessiert es Sie, wie mein erstes Video sich rasend schnell verbreitete? Ich wollte das eigentlich gar nicht, und als es dann passierte, war ich alles andere als dankbar dafür«, erklärte ich und dachte an diese nervenaufreibende Zeit zurück. Im nächsten Kapitel werde ich auf diese Episode eingehen. Für den Moment wollen wir erst einmal das vorliegende Kapitel über Dankbarkeit zusammenfassen.

Zusammenfassung

→ Wir müssen lernen, wie man den »Pause«-Knopf drückt, und uns auf das besinnen, wofür wir dankbar sind. Zu sagen, wir hätten zu viel zu tun, um dankbar zu sein, genügt nicht.

→ Wenn wir niemals auf den »Pause«-Knopf drücken, wie viele schöne Momente verpassen wir dann in unserem Leben?

→ Es gibt folgende Methoden, Dankbarkeit zu praktizieren: das Gute, das uns zuteilwurde, erkennen und »Danke« dafür sagen; uns an das Gute erinnern und unseren Dank wirklich meinen; uns mit Handlungen revanchieren und nach ebendiesen Werten leben.

→ Dankbarkeit ist nicht nur ein Gefühl, sondern eine Lebensweise, die erlernt und praktiziert werden kann. Wir müssen der Zeit, in der wir Dankbarkeit üben, Priorität einräumen; und eine der zahlreichen Möglichkeiten, dies zu tun, besteht darin, täglich ein Dankbarkeitstagebuch zu führen.

··· 6 ···
Wozu sich Sorgen machen?

Wenn die Dinge nicht unserer Kontrolle unterliegen und wir nichts tun können, wozu sich dann sorgen?

> »Die Sorge nimmt dem morgigen Tag
> nie seinen Kummer,
> sie beraubt nur den heutigen Tag
> seiner Freude.«
>
> LEO BUSCAGLIA

··· ··

Eines schwülen Abends, als ich in meinem Zimmer am Laptop saß und tippte, erhielt ich eine WhatsApp-Nachricht von einem Freund. Sie wirkte zunächst überhaupt nicht ungewöhnlich, hatte aber das Potenzial, mein Leben zu ruinieren. Bevor ich jedoch näher darauf eingehe, ist es meines Erachtens wichtig, dass ich die Erfolgsgeschichte von WhatsApp erzähle – für diejenigen Leser, die sie nicht kennen.

WhatsApp ist, wie wir alle wissen, eine kostenlose App zum Nachrichtenaustausch und Telefonieren, die jeder überall auf der Welt herunterladen kann, außer in China. WhatsApp wurde von Brian Acton gegründet, einem Softwareentwickler und Stanford-Absolventen. Acton arbeitete zunächst bei Apple und anschließend etwa zwölf Jahre bei Yahoo, bis er 2007 beschloss, für ein Jahr mit seinem Freund und Kollegen Jan Koum nach Südamerika zu reisen. Nach ihrer Rückkehr bewarben sich beide bei Facebook und Twitter um einen

Job, wurden aber abgelehnt. Acton twitterte im Mai 2009: »Wurde von Twitter HQ abgelehnt. Das ist in Ordnung. Wäre ein langer Weg zur Arbeit gewesen.« Einige Monate später, im August 2009, folgte ein weiterer Tweet: »Facebook hat mir abgesagt. Es war eine großartige Gelegenheit, mit einigen fantastischen Menschen in Kontakt zu kommen. Ich bin gespannt auf das nächste Abenteuer des Lebens.«

Und sein nächstes Abenteuer veränderte die Welt. Noch im selben Jahr, in dem man ihn abgelehnt hatte, gründete Acton an seinem Geburtstag mit Koum in Silicon Valley WhatsApp. Diese Anwendung wuchs exponentiell und hatte einen Erfolg ohnegleichen. Sie war so erfolgreich, dass Facebook 2014 beschloss, sie für unglaubliche neunzehn Milliarden Dollar zu kaufen. Im Dezember 2017 hatte WhatsApp 1,5 Milliarden aktive Nutzer!

Nun, da Sie möglicherweise ein klareres Bild davon haben, über welche Reichweite WhatsApp verfügt, verstehen Sie sicherlich meine Besorgnis, wenn ich Ihnen sage, dass es ebendiese App war, die genutzt wurde, um ein potenziell brisantes Video von mir zu teilen, das sich in rasantem Tempo ausbreitete.

Mein Smartphone summte. Eine neue Nachricht war eingegangen. Durch eine aufpoppende Benachrichtigung erfuhr ich, dass ich eine Videonachricht von einem Freund erhalten hatte. Mit diesem Freund hatte ich schon seit Jahren nicht mehr gesprochen. »Interessant, dass er sich wieder meldet. Ich lese die Nachricht später«, dachte ich. Ich drehte mein Handy um. Während meiner produktivsten Zeit am Tag wollte ich nicht gestört werden. Ein weiteres Summen. »Was könnte das sein?« Meine Aufmerksamkeit richtete sich erneut auf das Handy. Es gelang mir, es zu ignorieren. Rückblickend ist mir klar, dass ich es einfach hätte stummschalten sollen, denn für die nächste Stunde summte es unaufhörlich. Jetzt musste ich nachsehen, worum es bei dem Aufruhr ging.

Ich gab mein Passwort ein und öffnete WhatsApp. Ich erblickte eine Flut von Nachrichten, die meine Startseite überschwemmten. Einige kamen von Gruppenchats, an denen ich beteiligt bin, viele aber von Einzelpersonen, mit denen ich im Lauf der Jahre in Kontakt stand. Alle Nachrichten hatten eines gemeinsam: Sie enthielten einen Link zu einem 3,4 MB großen Video.

Zu meiner Überraschung hatten mir die Leute ein Video von mir geschickt. Es war der Clip einer scherzhaften Äußerung aus einem meiner Vorträge, den ich vor 1500 Studenten in unserem Tempel gehalten hatte. Bis dahin hatten zwar ein paar meiner Videos auf YouTube etwas Anziehungskraft entwickelt, aber auf meinen anderen Social-Media-Plattformen war überhaupt nichts los.

Ich spielte den Clip ab. »Wissen Sie, wie viel ein Lehrer in einer x-beliebigen Schule in Indien heute nach zehn Berufsjahren durchschnittlich verdient? Wahrscheinlich 100 000 oder 200 000 Rupien* im Jahr«, sagte ich in dem Clip. So weit, so gut. Keine Gefahr erkennbar. Ich saß auf einem erhöhten Kissen im Saal unseres Haupttempels und sprach munter ins Mikrofon. »Und ein Softwareentwickler in Indien mit zehnjähriger Berufserfahrung – wissen Sie, wie viel der durchschnittlich verdient? Wahrscheinlich vier oder fünf Millionen Rupien**.« Immer noch nichts Heikles. Dann fuhr ich fort: »Ein indischer Politiker, kein guter, sondern ein korrupter, wird nach zehn

---

*   circa 1400 oder 2000 Euro (Anm. der Übers.).
** circa 51 000 oder 64 000 Euro (Anm. der Übers.).

Jahren, in denen er mit Schwindeleien Geld ergaunert hat, etwa 300 bis 400 Millionen Rupien* anhäufen.«

Einige Köpfe drehten sich um; Korruption in der Politik ist in Indien ein heikles Thema. Mein Kommentar zur nächsten Gruppe – der auch ich angehöre, obwohl nicht in finanzieller Hinsicht – ist der Grund dafür, warum ich erboste Nachrichten erhielt. »Stellen Sie sich vor, was diejenigen verdienen können, die so etwas tragen« – ich griff an mein safranfarbenes Oberteil aus Baumwolle. Die meisten Mönche in Indien tragen nur safranfarbene Kleidung als Zeichen für ihre Abkehr vom weltlichen Leben. »Die Einnahmen eines sehr spirituellen Mannes, eines indischen Gurus, betrugen 2380 Millionen Rupien**. Ein anderer – er war ein spiritueller beziehungsweise religiöser Führer – hatte in zehn Jahren über elf Milliarden Rupien*** angehäuft. Und noch ein anderer, ebenfalls ein religiöser Führer: Sein angesammeltes Vermögen betrug vierzig Milliarden Rupien****!« Die Menge war still. Es war nur ein Scherz, und ich bezog mich auf niemand Bestimmten, einige kicherten, doch manche spekulierten, wer wohl gemeint sein könnte. »Treffen Sie Ihre Berufswahl mit Bedacht!«, rief ich. Das Publikum brach in ansteckendes Gelächter aus und applaudierte. Es hallte von den Marmorwänden wider. Manche Studenten bogen sich regelrecht vor hysterischem Lachen.

An dieser Stelle brach das Video ab. Zuerst freute ich mich, dass das Publikum Spaß an meinem Vortrag hatte. Die menschliche Natur ist so beschaffen, dass es uns gefällt, wenn wir anderen gefallen. Als ich jedoch weitere Nachrichten auf

---

* circa vier bis fünf Millionen Euro (Anm. der Übers.)
** circa dreißig Millionen Euro (Anm. der Übers.)
*** circa 142 Millionen Euro (Anm. der Übers.)
**** circa 515 Millionen Euro (Anm. der Übers.)

WhatsApp durchging, erkannte ich, dass die Reaktionen gemischt waren. »Wie kann ein Mönch in safranfarbenem Gewand nur so etwas Abwertendes über Indiens spirituelle Gurus sagen?«, hieß es in einer Nachricht. »Ich fand das etwas beleidigend«, besagte eine andere. Viele Nachrichten waren in einem ähnlich missbilligenden Ton verfasst.

»Wie unfair!«, dachte ich anfangs. Dieses Video war Teil einer umfassenderen Erläuterung, die darauf abzielte, dass wir uns in unserem Berufsleben meist auf das Einkommen konzentrieren statt auf unsere persönliche und fachliche Entwicklung. Ich unterhalte auch sehr gern die Menge, aber nur, um Lehren über das Leben zu vermitteln. Schließlich bin ich ein Mönch, kein Komiker.

An diesem Punkt arbeitete mein Verstand auf Hochtouren. Was, wenn das in die falschen Hände gerät? Wenn einige spirituelle Gurus beleidigt sind? Was, wenn sie sich bei meinem Ashram oder der Institution, der ich angehöre, oder meinem Guru beschweren? Werde ich Schande über die Gemeinschaft bringen? Werde ich für öffentliche Vorträge gesperrt? Wegen Verleumdung verklagt? Es war nicht meine Absicht, solche spirituellen Lehrer zu beleidigen. Viele von ihnen kenne ich persönlich; sie sind integer und aufrichtig; ihr Einkommen verwenden sie zum großen Teil für konstruktive Zwecke. Als die WhatsApp-Nachrichten eintrafen, die mein Verhalten infrage stellten, konnte ich jedoch nicht umhin, mir das Worst-Case-Szenario vorzustellen: Was passiert, wenn …? Ich war alles andere als dankbar für diese Situation!

Nachdem ich mich anfangs aufgeregt hatte, ging ich nun in die Defensive. Ich begann, mich auf das Unvermeidliche vorzubereiten, und stellte Überlegungen an, wie ich das meinen safrangekleideten Brüdern erklären würde. Ich rief so-

Wozu sich Sorgen machen?

gar einen meiner Freunde an, der Anwalt war, damit er für den Fall eines Rechtsstreits eine Erklärung aufsetzte. Er versicherte mir, dass es nicht so weit käme, doch meine Angst wuchs immer mehr. Bei jeder eingehenden WhatsApp-Nachricht stieg mein Blutdruck.

Abends wurde es nicht besser. Ich lag die ganze Nacht mit weit geöffneten Augen da, meine dünne Decke bis zum Kinn hochgezogen wie einen Schutzschild. Als Kind hatte ich mir vorgestellt, ein Monster wäre unter meinem Bett; jetzt dagegen quälte mich nur mein Handy, das dort lag und seinen Akku auflud.

Normalerweise stehe ich um vier Uhr morgens für meine Morgenmeditationen auf. Ich rieb mir die Augen und war erwartungsgemäß ziemlich groggy. Während ich auf meinem Holzbett saß, dachte ich darüber nach, was passiert war und was noch geschehen könnte. Als ich mein Handy aufnahm, fürchtete ich das Schlimmste. Ich stellte meine Augen auf das blendende Licht ein und öffnete sofort WhatsApp.

Ich fand mehrere Nachrichten vor, die mein Video mit mir teilten, einige zornig und andere liebevoll. Ich seufzte erleichtert, aber es waren erst zwölf Stunden vergangen, seit mir die erste Person den peinigenden Clip geschickt hatte. Ich war immer noch besorgt. Diese Besorgnis hielt an, bis ich eine Fotobotschaft von einem anderen Mönch erhielt.

Es ist unglaublich, wie der Geist funktioniert. In einem Moment fürchtet man um sein Leben, im nächsten ist man voll und ganz im Frieden mit allem. Wie einen Wink des Himmels erhielt ich ein Flussdiagramm mit dem Titel: »Why Worry?« – »Wozu sich Sorgen machen?«

Ich suchte diese Infografik im Favoritenordner meines Handys und zeigte sie Harry.

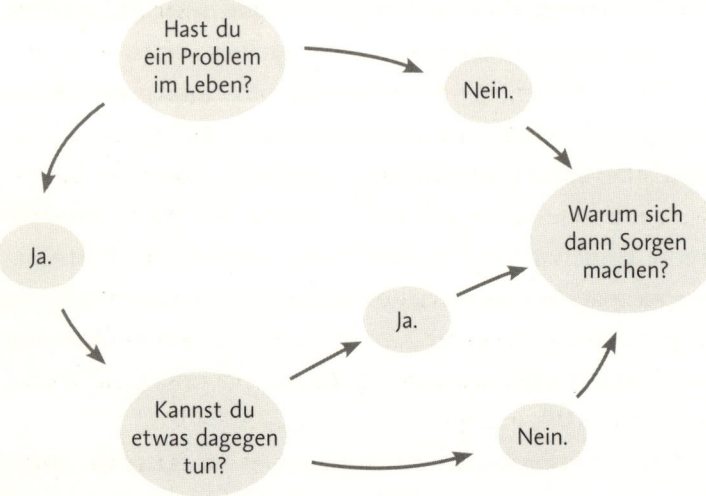

»Könnten Sie mir das bitte schicken?«, fragte er.

»Natürlich«, antwortete ich und leitete das Bild an ihn weiter.

Ich praktizierte Spiritualität zwar schon seit Jahren, aber noch nie hat mir jemand das Prinzip der Loslösung von Angelegenheiten, die außerhalb unserer Kontrolle liegen, so einfach vor Augen geführt. Manchmal sind es die simpelsten Erklärungen, die das Herz am meisten berühren. Keine ausgeklügelte Sprache, keine abstrakten Konzepte, nur essenzielle Wahrheiten, bescheiden präsentiert, damit die Seele erwacht. Einfache Vorstellungen werden im Allgemeinen universell anerkannt. Das ist vermutlich auch der Grund, warum ein Ausschnitt aus meinem Vortrag über das Konzept »Why Worry« von Sean Combs (besser bekannt als P. Diddy), einem der weltweit bekanntesten Rap-Künstler, auf Instagram geteilt wurde.

Es ist unmöglich, einen Clip zu stoppen, sobald er sich im Internet viral verbreitet. Wenn wir ein Problem haben, das sich unserer Kontrolle entzieht, müssen wir uns unserer spirituellen Kraft zuwenden und fragen: »Warum sich sorgen?« Unabhängig davon, ob wir etwas dagegen tun können oder nicht, sollten wir nicht mit Angst darauf reagieren. Situationen loszulassen, die jenseits unserer Kontrolle liegen, ist eine unerlässliche Fähigkeit, die wir uns aneignen sollten, um persönlich zu wachsen. Damit will ich nicht sagen, dass ich passives Nichtstun befürworte – wir sollten alles in unserer Macht Stehende tun, um eine Situation in Ordnung zu bringen. Doch anschließend müssen wir unsere Aufmerksamkeit von der unangenehmen Lage abwenden.

Was wir zu einem bestimmten Zeitpunkt als negativ empfinden, kann sich letztendlich als gut für uns erweisen, und was wir zu einem anderen Zeitpunkt als positiv empfinden, kann sich als nachteilig für uns herausstellen. Die meisten Dinge im Leben liegen außerhalb unserer Kontrolle; wir sollten keine Situation nach dem ersten Anschein beurteilen. Ein Video, von dem ich anfangs dachte, es würde mein bisheriges Leben zugrunde richten, erwies sich schließlich als größter Segen. Es ermöglichte mir, meinen Weg anzutreten und zu versuchen, Millionen auf der ganzen Welt durch meine Social-Media-Präsenz zu inspirieren – und letztendlich führte es sogar dazu, dass ich die Gelegenheit erhielt, meine Botschaft in diesem Buch zu vermitteln.

Also, noch einmal: Welche Situation auch immer uns begegnet, wir sollten stets analysieren: Liegt es in meiner Kontrolle? Und unabhängig von der Antwort sollte die Erwiderung immer lauten »Warum sich sorgen?«

Ich bemerkte, dass Harry erleichtert wirkte, als ich über dieses Thema sprach. Ich sann darüber nach, wie es kommt, dass unsere Zweifel ausgeräumt werden, wenn wir etwas hören, das für uns einen Sinn ergibt. Der einfachste Weg, Klarheit in unser Leben zu bringen, besteht darin, uns von Menschen anleiten zu lassen, die selbst Klarheit erlangt haben.

»Spirituelle Kraft ...«, begann er. Er hatte immer noch Fragen. »Um einen derartigen Grad der Loslösung oder der Dankbarkeit zu erreichen, braucht man das, was Sie ›spirituelle Kraft‹ genannt haben. Wie kommt man denn an spirituelle Kraft?«

Ich war überrascht, wie aufmerksam er beim Fahren zugehört hatte. Ein verzweifelter Mensch nimmt Eindrücke und Informationen sensibler und aufmerksamer wahr.

»Wenn wir uns in ein Problem verbissen haben, fühlen wir uns manchmal, als wären wir in unserem eigenen Kopf gefangen«, sagte ich. »In diesem Zustand wärmen wir unsere Probleme immer wieder auf, was emotional sehr leidvoll ist. In einem spirituellen Prozess erlangen wir die Fähigkeit, uns aus dieser mentalen Schleife zu befreien, und werden so in die Lage versetzt, die größten Schwierigkeiten in Chancen zu verwandeln.«

Zusammenfassung

→ Manches im Leben können wir nicht kontrollieren. In einer solchen Situation fühlen wir uns überfordert und wollen alles in unserer Macht Stehende tun, um sie zu kontrollieren. Doch das ist sinnlos!

→ Die Gründer von WhatsApp hatten mit ihrer Bewerbung bei Twitter und Facebook keinen Erfolg, und genau das wirkte sich später günstig für sie aus. Was wir also zu einem bestimmten Zeitpunkt als schlecht empfinden, mag sich im Nachhinein als das Beste herausstellen, was uns passieren konnte.

→ So wie mein aus dem Zusammenhang gerissener Videoclip sich blitzschnell verbreitete, ohne dass es für mich kontrollierbar gewesen wäre, so gibt es viele Situationen im Leben, die außerhalb unseres Einflussbereichs liegen.

→ Fragen Sie sich: »Kann ich es kontrollieren?« Wenn ja, dann tun Sie etwas dagegen. Wenn nicht, dann können Sie nichts dagegen tun. In beiden Fällen gilt deshalb: *Warum sich Sorgen machen?*

7

Spirituelle Praxis

*Spirituelle Praxis ist die Grundlage dafür,
dass wir glücklich sind.
In Zeiten des Aufruhrs leitet sie uns,
in Zeiten der Freude erdet sie uns.*

»Meditation kann uns helfen, unsere Sorgen,
unsere Angst, unseren Zorn anzunehmen,
und das ist sehr heilsam. Wir lassen unsere eigene
natürliche Heilkraft die Arbeit tun.«

THICH NHAT HANH

Spiritualität basiert auf der Prämisse, dass wir zwar *in* dieser Welt leben, aber nicht *von* dieser Welt sind. Viele Probleme sind darin begründet, dass wir unsere grundlegende Identität nicht verstehen: Wir sind keine Menschen mit spirituellen Erfahrungen, sondern spirituelle Wesen, die menschliche Erfahrungen machen. Es ist unmöglich, dieses Prinzip theoretisch zu verstehen. Wir können Hunderte von Vorträgen besuchen und Bücher lesen, all das ist unzureichend, solange wir uns nicht zu einer spirituellen Praxis oder *Sadhana*, wie es im Sanskrit heißt, verpflichten.

Der einfachste Weg, spirituelle Praxis zu erklären, besteht darin, die Art der Verbindungen beziehungsweise Beziehungen zu beschreiben, die wir eingehen. Zu jedem Zeitpunkt können wir auf dreierlei Art und Weise in Beziehung treten:

→ *Nach außen:* Den größten Teil unserer Zeit bringen wir damit zu, mit der Welt in Verbindung zu treten – Netzwerken, Beziehungen, Arbeit. Das ist zwar alles sehr wichtig, kann uns aber irreleiten, wenn uns die innere Führung fehlt. Die Angst, zu kurz zu kommen, der Gedanke, anderswo sei das Gras grüner, und ein aus der Balance geratenes Leben – all das sind Symptome dafür, dass wir falsche Prioritäten setzen und das Glück außerhalb von uns suchen.

→ *Nach innen:* Über das Alltagsleben hinausgehend wenden sich viele nach innen, um Trost zu suchen. Menschen, die mit dem Leben zu kämpfen haben, solche, die an sich arbeiten wollen, um die Außenwelt zu erobern, jene, die neugierig auf ihr Innenleben sind, und gelegentlich einige von denjenigen, die sich auf der Suche nach der Wahrheit befinden – das sind typischerweise diejenigen, die sich auf die Reise nach innen begeben.

→ *Nach »oben«:* Diejenigen, die sich einfach nur auf eine Reise in ihr Inneres begeben, sind unter Umständen frustriert, weil sie nicht vorankommen und ihnen die Führung fehlt. Sie fühlen sich vielleicht wie auf einem Schiff, das mit siebzig Knoten pro Stunde, aber ohne Kompass unterwegs ist. Uns mit etwas zu verbinden, das über uns steht, bedeutet, dass wir unsere Beziehung zu Gott oder zu etwas, was höher ist als wir, wiederherstellen. Gott ist *Eins*; er wird nur in den verschiedenen Kulturen unterschiedlich erkannt. Deshalb geht es nicht darum, dass Sie sich mit meinem oder Ihrem Gott verbinden, sondern mit unserem Gott. Sobald dies geschieht, ist es, als würde eine Glühbirne mit einem ganzen Elektrizitätswerk verbunden. Eine Glühbirne allein ist nur ein bisschen Glas mit einem Wolfram-Glühfaden; sie braucht eine elektrische Ladung, um zu leuchten und anderen Licht zu geben. Damit vergleichbar, kann uns die Beziehung zu etwas Höherem Liebe geben und uns so ermöglichen, anderen Liebe zu schenken.

Harry hörte zu, als ich es näher ausführte: »So wie es viele Wege gibt, um ein Ziel zu erreichen, gibt es auch viele Möglichkeiten, mit Gott in Beziehung zu treten und dabei religiöse und sektiererische Grenzen zu überwinden. Viele Menschen beten – eine einfache, aber zutiefst wirksame Methode, um Realisation zu erlangen. Auch ich bete, doch meine bevorzugte Methode, spirituelle Stärke zu entwickeln, ist die Meditation.

Aus den vielen Meditationsformen habe ich die Mantra-Meditation ausgewählt. Ich verbringe also jeden Tag einige Zeit damit, mich auf heilige Laute und Silben zu konzentrieren und den Namen Gottes zu chanten – das ist eine Möglichkeit, wie wir uns von Ängsten befreien können. Die moderne Wissenschaft erkennt an, welch große Vorteile das Meditieren hat: Es baut Stress ab, gibt uns ein Gefühl der Sinnhaftigkeit und befähigt uns so – neben vielen anderen Vorteilen, die es hat –, kreativer zu werden. Einen tieferen Einblick erhalten wir durch die alte östliche Weisheitsliteratur.

Meditation ist mit einem Flugzeug vergleichbar: Zuerst bringt sie uns zunächst in die Höhe, dann in die Ferne und schließlich unmerklich immer weiter weg. Beim Abheben gewinnt man sofort an Höhe. Wir haben Sorgen und Ängste, weil wir alles normalerweise aus einem begrenzten Blickwinkel sehen. Meditation ermöglicht es uns, alle unsere Ängste,

Probleme und Sorgen aus einer höheren Perspektive zu betrachten, und vermittelt uns auf diese Weise ein großartiges Gefühl des Friedens und der Ruhe.

Der tiefergehende Effekt ist, dass die Meditation uns weit in die Ferne bringt. Sie transformiert unseren Charakter vollständig, fördert die besten Eigenschaften in uns und bewirkt, dass wir die Erfahrung machen können, Selbstverwirklichung zu erlangen. Durch Meditation werden wir zu den besten Versionen unserer selbst. Doch das braucht Zeit und vollzieht sich oft unmerklich. Bei einem Blick aus dem Flugzeugfenster zum Beispiel entsteht nicht der Eindruck, als ginge es sehr schnell vorwärts. Doch acht Stunden später, bei der Landung, hat man fast ein Viertel der Welt umrundet.

Das, was Meditation erschwert, ist unser Verstand – oft wird er mit einem unruhigen Affen verglichen, der immer von einem Gedanken zum nächsten springt. Er beruhigt sich nicht einfach dadurch, dass man es ihm sagt, sondern er muss kontrolliert werden. Meditation ist daher eine Disziplin, die uns hilft, den Geist zu lenken. Ein Beispiel: Die Züge von Mumbai halten die Wirtschaft der Stadt in Gang. Doch das, was wiederum die Züge in Fahrt hält, ist die Tatsache, dass sie an bestimmte Strecken, den Zeitplan und die Fahrtziele gebunden sind. Vergleichbar damit ist der Geist, wenn er nicht an die Disziplin der Meditation gebunden ist, nicht in der Lage, sein Ziel zu erreichen. An manchen Tagen fühlt es sich dann an wie Meditation, an anderen nicht.«

»Sogar das Konzept der Meditation zu verstehen braucht Zeit«, unterbrach mich Harry. »Ich weiß, dass viele Führungskräfte und Prominente meditieren, aber ich hatte noch nie den Eindruck, dass ich selbst die Zeit dazu hätte.« Offenbar fühlte er sich überfordert von der Vielfalt der Konzepte, die ich dargelegt hatte.

»Menschen mit Zeitmangel brauchen sie am meisten«, lachte ich. »Inzwischen bin ich in der Lage, zwei Stunden Meditation am Tag zu praktizieren. Am Anfang war das nicht so. Ich schaffte nur zehn Minuten täglich; das schüchterte mich weniger ein.«

Harry nickte und fragte dann: »Haben Sie nach all der Zeit des Meditierens charakterliche Veränderungen bei sich selbst bemerkt?«

»Ja, ganz ehrlich, das habe ich wirklich. Die Auswirkungen der Meditation sind nicht erst nach dem Tod erkennbar. Wir können sie in diesem Leben sehen, wenn wir regelmäßig genug und mit der richtigen Anleitung praktizieren.«

Diese Antwort schien ihn zu beeindrucken.

»Erinnern Sie sich noch, was ich vorhin über die große Bedeutung der Dankbarkeit gesagt habe?«, fragte ich.

»Ja, natürlich.«

»Menschen, die meditieren, entwickeln die Gewohnheit, aufrichtige Dankbarkeit zu praktizieren, und das hilft ihnen in all ihren Beziehungen. Es ist ein ›beziehungsstärkendes Gefühl‹, weil es von uns verlangt zu sehen, wie andere uns unterstützt und bestärkt haben.«

Harry fummelte erneut am Lenkrad herum.

»Was haben Sie auf dem Herzen?«, fragte ich.

»Ich habe darüber nachgedacht, wie meine Frau und ich uns gegenseitig behandeln«, sagte er und war offensichtlich bereit, unser Gespräch fortzusetzen. Ich wusste: Nun war es an der Zeit, ihm vom zweiten Rad des Lebens zu erzählen.

Zusammenfassung

→ Wir sind keine Menschen, die spirituelle Erfahrungen machen, sondern spirituelle Wesen, die menschliche Erfahrungen machen. Wir sind nicht dieser Körper, wir sind geistige Wesen.

→ Wir müssen die Hierarchie der Verbindungen beziehungsweise Beziehungen verstehen. Letztendlich müssen wir mit etwas in Verbindung treten, was über uns steht, wie Gott. Das kann uns die Kraft verleihen, Glück und Freude auf der ganzen Welt zu verbreiten.

→ Es gibt viele Möglichkeiten, zu Gott in Beziehung zu treten. Vielleicht haben Sie eigene Methoden – das ist großartig, Sie sollten sie vertiefen. Eine der effektivsten Methoden, die für mich persönlich wirklich gut funktioniert, ist die Mantra-Meditation.

Zweites Rad
Beziehungen

Umgang mit anderen

# ZWEITES RAD

Beziehungen

8
Einfühlsam sprechen

Wir sollten einfühlsam miteinander umgehen; unsere Einstellung zum Leben beeinflusst das Verhalten in unseren Beziehungen.

»Eine linde Antwort stillt den Zorn; aber ein hartes Wort erregt Grimm.«

SPRÜCHE 15,1

»Wie Sie Ihre Frau behandeln? Was meinen Sie damit?«, fragte ich ihn, alarmiert. Ich hatte sie zu Hause besucht, und mir war nichts Ungewöhnliches aufgefallen. Gab es da etwas, was er mir nicht gesagt hatte?

»Es ist nicht das, wonach es klingt«, sagte er und errötete. »Wir haben nur ständig Streit und Zankerei. Sie will immer etwas an mir ändern, und wenn sie damit anfängt, verlasse ich den Raum.«

Was er sagte, erstaunte mich. Aber Menschen verhalten sich in der Öffentlichkeit oft völlig anders als in ihrem Privatleben.

»Erst vor wenigen Minuten habe ich miterlebt, wie warmherzig Sie beide miteinander umgegangen sind«, sagte ich.

»Vermutlich verhalten wir uns unterschiedlich, je nachdem, mit wem wir gerade zusammen sind.« Er hielt einen Moment inne. »Wie können wir den ›Funken‹, der früher zwischen uns war, bewahren? So wie Sie es heute bei mir zu

Hause gesehen haben, war es damals in Amerika zwischen uns beiden immer, aber dann ließ es allmählich nach. Warum passiert das?«

Dazu hatte ich einiges zu sagen. Ich begann damit, ihn zu trösten: »Das passiert bei allen Beziehungen, nicht nur in der Ehe. Wenn wir nicht die Initiative ergreifen und etwas dagegen tun, erscheinen unsere Beziehungen uns mit der Zeit dröge und mühselig. Wir müssen unser Gegenüber respektieren, und das spiegelt sich darin wider, wie einfühlsam wir mit ihm oder ihr umgehen.«

Ich hatte eine weitere Anekdote zu erzählen.

Grobe Worte

Quietschend setzten die Räder des Flugzeugs auf, als wir auf dem Rollfeld des Londoner Flughafens Heathrow landeten. Während sich eine Menschenmenge im Gang staute – Passagiere, die das immer noch leuchtende Anschnallzeichen nicht beachteten –, schloss ich auf meinem Platz die Augen und plante, was ich im Terminal alles erledigen musste. Es war mein neunter Besuch in London. Mittlerweile war ich die langen Schlangen vor den Einreiseschaltern gewöhnt: so lang, dass das aufgegebene Gepäck bereits auf dem Laufband rundherum tanzte und meine Freunde, die mich abholen wollten, in der Ankunftshalle warteten.

Als die Schlange der Passagiere sich lichtete, öffnete ich geschwind meinen Sicherheitsgurt (der einzige Teil der Sicherheitsdemonstration, den ich beherrschte) und streckte mich träge. Der Flug von Mumbai hatte zehn Stunden gedauert; wegen sintflutartiger Regenfälle musste unser Flugzeug eine Dreiviertelstunde über der englischen Hauptstadt kreisen. Ein Crewmitglied reichte mir meine Tasche und bestätigte damit aufs Neue beispielhaft den hervorragenden Service. Ich hatte das Gefühl, dass die Flugbegleiter beim Anblick meiner Safranrobe mitunter ein bisschen voreingenommen zu meinen Gunsten waren und mir deswegen ein zusätzliches Kissen oder einen größeren Tomatensaft brachten. Obwohl ich meiner Ansicht nach überhaupt kein Anrecht auf eine solche Vorzugsbehandlung hatte, dankte ich ihnen.

Bei Reisen ins Ausland nehme ich eher leichtes Gepäck mit. Das Tolle am Mönchsein ist, dass man sich nicht jeden Morgen entscheiden muss, was man anziehen soll (jeden Tag orange), man braucht sich nicht um die Haarpflege zu kümmern (man hat keine), und die Reisetasche ist winzig (man besitzt sehr wenig). Weniger Besitz zu haben befreit einen von Ängsten und schafft mehr freie geistige Kapazitäten für die wichtigen Dinge im Leben.

»Willkommen in Heathrow«, begrüßte mich ein Schild, als ich den Einreisebereich erreichte. Ein Beefeater war darauf abgebildet – damit meine ich keine Rindfleischesser, sondern zeremonielle Wärter, die für den Schutz der Kronjuwelen verantwortlich waren und die Gefangenen bewachten, die früher im Tower of London festgehalten wurden. Während ich auf die offiziellen Einreiseschalter zuging, kam eine Frau hinter mir her, wand sich zwischen den Leuten hindurch und rief: »Swamiji! Swamiji! Kann ich Ihnen mit Ihrer Tasche helfen?« Ich hatte nur eine kleine schwarze Laptoptasche dabei, und es wäre seltsam gewesen, ihre Hilfe in Anspruch zu nehmen.

»Das ist nicht nötig, vielen Dank«, antwortete ich. Die Menschen um uns herum starrten uns jetzt an.

»Ich kann Ihre Tasche tragen. Es ist kein Problem«, beharrte sie.

»Nein, nein, ich komme zurecht, aber warum warten wir nicht gemeinsam in der Einreiseschlange?«, schlug ich vor, fasziniert von ihrer Beharrlichkeit. Häufige internationale Reisen und der damit einhergehende Umgang mit anderen haben mir eine wertvolle Lektion erteilt: Ich bekämpfe den starken Drang, eine Person aufgrund einer ersten Interaktion zu beurteilen. Jeder hat eine faszinierende Geschichte, die wir nicht kennen.

Diese Dame schien etwa Mitte dreißig zu sein. Sie trug eine dicke schwarze Fleecejacke, die bestimmt dem britischen Frühling trotzen konnte, und zog einen kleinen braunen Rollkoffer hinter sich her. Die Ecke eines dunkelblauen Passes ragte aus ihrer Jackentasche – sie war Inderin.

»Ich heiße Manasi. Schön, Sie kennenzulernen. Ihre helle Safrankleidung ist mir aufgefallen«, sagte sie.

»In dieser Kleidung bin ich nicht zu übersehen«, antwortete ich und entlockte ihr ein halbes Lächeln. »Was machen Sie denn so?«

»Ich bin Tauchlehrerin«, verkündete sie stolz.

»Unglaublich. Bei dem Wetter werden wir vielleicht noch Ihre Hilfe brauchen«, sagte ich höflich. Die ganze Nacht über und noch am Morgen bei der Landung war es regnerisch und stürmisch gewesen, typisch für den April auf den Britischen Inseln.

»Gehören Sie zur ISKCON?«, fragte sie abrupt, ihr Tonfall hatte sich nun leicht verändert. Der Small Talk war vorüber, spürte ich. Zeit, zur Sache zu kommen. ISKCON steht für die Internationale Gesellschaft für Krishna-Bewusstsein, gegründet von His Divine Grace A. C. Bhaktivedanta Swami

Srila Prabhupada, von seinen Anhängern liebevoll als »Srila Prabhupada« angesprochen. Sie hatte recht, zu dieser Institution spiritueller Menschen gehörte ich.

»Ja«, sagte ich zögernd und sah die Unzufriedenheit auf ihrem Gesicht. Sie antwortete schnell.

»Also, ISKCON Chowpatty ist der schlimmste ISKCON-Tempel, in dem ich je war!«, erklärte sie. Sie wusste nicht, dass es der Tempel war, dem ich über die Hälfte meines Lebens angehört hatte.

»Warum sagen Sie das? Haben Sie eine schlechte Erfahrung gemacht?«, fragte ich sie. Wir schoben uns beide in der Schlange nach vorn.

»Ja, eine schreckliche Erfahrung. Als Jugendliche war ich immer neugierig darauf, meinen spirituellen Weg zu finden, und wollte die *Bhagavad Gita* studieren. Ich fand einen Onlinekurs auf der ISKCON-Chowpatty-Website, mit dem ich die *Gita* ausführlich Vers für Vers gründlich durcharbeiten konnte. Also stattete ich dem Aufnahmebüro im Tempel einen Besuch ab und freute mich darauf, mich anzumelden.«

Dann senkte Manasi den Kopf. Ich glaube, sie wollte nicht, dass andere Wartende zuhörten, aber einige Köpfe neigten sich trotzdem in unsere Richtung. »Ich ging zum Schreibtisch, an dem ein Mann mit Kopfhörern saß und geschäftig auf seinem Laptop herumtippte«, fuhr sie fort. »Es verging eine Weile, bevor er mich überhaupt wahrnahm. Dann zog er entnervt seinen linken Kopfhörer heraus. ›Wie kann ich Ihnen helfen? Was möchten Sie?‹, blaffte er. Etwas konsterniert wegen seiner unangenehmen Art, antwortete ich: ›Ich würde gern Ihren langen Kurs über die *Bhagavad Gita* belegen.‹ – ›Haben Sie am Kurs ›Der Weg der Selbsterforschung‹ teilgenommen?‹, knurrte er erneut, ohne meine Höflichkeit zu erwidern und auf meine Bitte einzugehen.

›Ja, an diesem Tempel.‹

Er hielt inne, zog seinen anderen Kopfhörer heraus und schaute mir jetzt direkt in die Augen: ›Haben Sie jemanden, der Sie betreut?‹

›Einen Betreuer?‹, fragte ich. ›Wozu brauche ich einen Betreuer? Mit mir und meinem Leben ist alles in Ordnung.‹ Damals wusste ich nicht, dass ISKCON Chowpatty ein Mentorensystem zum Anleiten spirituell Interessierter hatte. Ich dachte, er wolle andeuten, dass ich psychologische Betreuung brauchte, weil mit mir etwas nicht stimmte. Er sagte, nur wenn ich einen Betreuer hätte, regelmäßig an den Tempelprogrammen teilnähme und diese und jene Regeln befolgte, könne ich den Kurs besuchen, den ich besuchen wollte; anderenfalls nicht. Dann belehrte er mich, dass diese Anforderungen klar und deutlich auf der Website stünden. Ohne meine Antwort abzuwarten, steckte er daraufhin seine Kopfhörer wieder ein und wandte sich wieder seinem Laptop zu. Die von ihm erwähnten Anweisungen standen aber, soweit ich wusste, überhaupt nicht auf der Website, und all die lächerlichen Regeln, die er aufgezählt hatte, waren mir völlig neu. Ich wollte doch nur die *Bhagavad Gita* studieren. Er war so unhöflich und so unangenehm im Umgang, dass ich mich abgeurteilt und ungerecht behandelt fühlte, und zwar am letzten Ort, an dem ich es erwartet hätte – in einem Tempel! Ich werde diesen Tempel nie wieder betreten, wenn jemand sich dort so benehmen darf.«

Ich versuchte, Manasi zu beruhigen, während sich einige Wartende umdrehten, mich mit einem verächtlichen Blick bedachten und mithörten, wie sie sich beschwerte. »Es tut mir sehr leid, dass Ihnen das passiert ist und dass Sie eine so schlimme Erfahrung machen mussten. Es war unverantwortlich von ihm, Sie so zu behandeln.« Ich versuchte, das Thema auf etwas Positiveres zu lenken: »Sie haben also den Kurs zur Selbsterforschung gemacht? Wer war denn Ihr Dozent?«

»Ich habe den Kurs bei Gaur Gopal Das belegt«, murmelte sie.

War mein Gesicht so leicht zu vergessen? Ich lachte innerlich. Das war der perfekte Moment, ein unvoreingenommenes Feedback zu erhalten und zu erfahren, ob ich meine Sache gut gemacht hatte. Offensichtlich war ihr entgangen, dass ich der Kursleiter gewesen war. Ich schluckte und sagte: »Wie hat Ihnen der Kurs gefallen? War der Dozent gut? Haben Sie viel gelernt?«

»Er war fantastisch. Er hat sich sehr klar ausgedrückt und hatte viel Humor!« Ich seufzte erleichtert. Eine positive Bewertung! Bevor sie fortfahren konnte, unterbrach ich sie, denn zu viel Lob kann einem zu Kopfe steigen. »Madam, ich bin Gaur Gopal Das!«

»Ist nicht wahr!«, rief sie ungläubig. Überrascht blickten die Einwanderungsbeamten von ihren Schreibtischen auf. Doch in weniger als einer Sekunde nahmen sie wieder ihren üblichen ernsten Gesichtsausdruck an. Manasis Gesichtsfarbe wechselte von Braun zu Rot.

»Ich kann Ihnen meinen Pass und meine Papiere zeigen, wenn Sie wollen!«, scherzte ich.

»Es tut mir wirklich leid. Entschuldigung, aber haben Sie damals nicht eine Brille getragen? Offenbar tragen Sie sie nicht mehr«, verteidigte sie sich. »Ich wollte nicht sagen, dass ISKCON Chowpatty insgesamt schlecht war, aber ich wurde dort übel behandelt und war tief verletzt.«

Ich konnte es ihr nachfühlen und entschuldigte mich im Namen meines Ashrams. »Bitte kommen Sie zurück, und besuchen Sie uns. Für den erweiterten *Gita*-Kurs müssen tatsächlich einige Voraussetzungen erfüllt sein, aber ich gebe einen wöchentlichen Kurs, an dem Sie gern teilnehmen können«, sagte ich herzlich und wünschte ihr alles Gute.

Etwas verlegen ging sie vor mir her, um ihren Pass scannen und überprüfen zu lassen.

Hinterher, an der Gepäckausgabe, sah ich sie nicht mehr.

Als der strenge Schalterbeamte meine Daten überprüfte, dachte ich noch, wenn wir im Umgang mit anderen unsensibel sind, ruiniert das unter Umständen unsere Beziehung zu ihnen. Aufmerksam gegenüber dem anderen zu sein ist entscheidend für den Erfolg einer Beziehung. Wie wir jemanden behandeln, ist bestimmend für unsere Lebensqualität. »So bin ich eben« ist keine akzeptable Entschuldigung dafür, achtlos mit anderen umzugehen. Die goldene Regel, nach der ich verfahre, um zu erkennen, ob ich jemandem angemessenes Feingefühl entgegenbringe, lautet: Behandle andere besser, als du selbst behandelt werden möchtest. Frag dich: »Zeugen meine Stimme, meine Körpersprache und mein Verhalten von Einfühlungsvermögen?«

Als ich fertig war, fragte Harry: »Haben Sie sie denn wiedergesehen? Konnte sie dem Mann verzeihen, der so grob zu ihr gewesen war?«

»Glücklicherweise ist sie wiedergekommen und hat abends an meinen *Gita*-Sitzungen teilgenommen – ich würde sagen, sie hat ihm verziehen!«

»Das ist toll.« Harry hielt inne, als dächte er darüber nach, wie er das Thema unseres Gesprächs auf sich selbst übertragen könnte. »Also …«, begann er. »Bei meiner Frau fällt es mir manchmal schwer, einfühlsam zu sein. Ich arbeite so lange. Wenn ich dann müde nach Hause komme, sagt sie mitunter Sachen, die mich so in Rage bringen, dass ich nicht mehr kontrollieren kann, was ich sage. Es ist schwer, wenn man ständig so eng mit jemandem zusammenlebt.«

»Allzu große Vertrautheit erzeugt Verachtung«, antwortete ich. »Wenn wir Menschen zu gut kennen, vergessen wir, wie wichtig sie für uns sind, und achten nicht mehr darauf, uns ihnen gegenüber korrekt zu verhalten. Ich lebe mit über hundert anderen Mönchen zusammen, und ich versichere Ihnen, dass das auf jeden Fall eine Herausforderung ist. Vor über zwanzig Jahren habe ich jedoch eine Lektion erhalten, und seitdem verhalte ich mich in meinen Beziehungen zu anderen anders.«

Die Grundeinstellung umfasst alles

Nicht immer fliege ich um die Welt und gebe Seminare. In Mumbai bin ich nur ein Mönch unter vielen anderen, und das gefällt mir.

Bevor ich die Lebensentscheidung traf, ein Mönch zu werden, war ich ein verwöhnter Junge, der in einer Mittelstandsfamilie in Pune aufwuchs. Wie die meisten Kinder auf der Welt hatte ich das Gefühl, dass meine Mutter die Allerbeste war (und das ist sie immer noch). Sie kümmerte sich um alles, kochte nur das, was ich essen wollte, und wusch all meine Kleidung. Ich bekam immer das, was ich wollte. Deshalb können Sie sich vorstellen, wie schockiert und besorgt sie war, als ich beschloss, als Mönch zu leben. Wer würde für mich kochen? Wer würde für mich putzen? Wer würde meine Kleider waschen?

Die Antworten auf diese Fragen waren: Das Kochen wurde gemeinschaftlich organisiert, aber für alles andere war man auf sich allein gestellt. Es war eine steile Lernkurve. Das erste Mal meine Kleider zu waschen war eine Tortur. Wir hatten keine Waschmaschine, nur zwei Eimer und eine Handvoll Waschpulver. Hier galt die Old-School-Methode des Waschens: Man lasse die Kleidung eine halbe Stunde in Waschmittel und Wasser einweichen und spüle sie anschließend in einem anderen Eimer mit sauberem Wasser aus. Eine Mitgliedschaft im Fitnessstudio war überflüssig, diese Waschmethode verschaffte einem genügend sportliche Betätigung. Ich war sogar angenehm überrascht, dass mein Bizeps größer wurde – allein dadurch, dass ich immer das überschüssige Wasser aus meiner Kleidung presste!

Eines Tages machte ich mich wieder daran, meine Kleidung zu waschen, die bereits seit vierzig Minuten im Seifenwasser einweichte. Ich war in Eile, denn ich musste einen Vortrag in Borivali halten, am anderen Ende der Stadt. Nun stand mir die Plackerei bevor, meine Kleider auszuspülen.

Ich drehte den Wasserhahn auf, das Wasser gurgelte durch die Stahlrohre und ergoss sich direkt auf den Boden des Waschraums. Schnell reagierte ich und beförderte mit einem Tritt einen Eimer unter den Wasserhahn.

»Was hast du da getan?«, fragte eine ernste Stimme hinter mir. Es war einer der älteren Mönche.

»Ich wasche nur meine Sachen«, antwortete ich respektvoll.

»Ja, das sehe ich. Aber was hast du da eben getan?«, fragte er noch einmal.

»Meine ... Kleidung gewaschen«, wiederholte ich.

Er verdrehte die Augen und runzelte die Stirn. »Ja, das

sehe ich. *Aber was hast du getan?*«, fragte er, jedes Wort einzeln langsam und deutlich betonend.

»Meine Sachen gewaschen!«, erwiderte ich. Allmählich verlor ich die Geduld. »Wo ist das Problem?« Ich würde zu spät zu dem wichtigen Vortrag kommen, den ich halten sollte.

»Warum hast du den Eimer getreten?«, fragte er.

»Es ist doch nur ein Eimer; ich musste ihn schnell unter den Wasserhahn befördern. Es ist keine große Sache.«

»Keine große Sache?!«, fragte er. »Es *ist* eine große Sache. Gaur Gopal, ich möchte dir sagen, was ich über Beziehungen gelernt habe: Wenn wir mit unbelebten Objekten, wie Eimern oder unseren Habseligkeiten, respektlos oder grob umgehen, behandeln wir am Ende Menschen ebenso. An einem Punkt in meinem Leben haben sich viele Freunde von mir abgewandt, und daraufhin gab mir einer meiner Mentoren diesen Rat. Gefühllosigkeit wird mit der Zeit zur allgemeinen Geisteshaltung, und unser Instinkt unterscheidet diesbezüglich nicht zwischen Gegenständen und Menschen. Wenn wir also unsere Sachen schlecht behandeln, werden wir merken, dass sich die Gefühllosigkeit allmählich auch in die Beziehungen zu den Menschen unseres Umfelds einschleicht.«

Lächelnd klopfte er mir auf den Rücken und ging einen indischen Bhajan singend hinaus. Ich faltete ehrerbietig meine Hände und drehte den Wasserhahn zu, um darüber nachzusinnen, was passiert war. Das ganze Universum ist verbunden, ebenso wie die Teile unseres Lebens. Wenn wir Gegenstände respektlos behandeln, gehen wir vielleicht mit der Zeit ebenso um mit den Menschen, die wir lieben. Alle Aspekte unseres Lebens sind wechselseitig miteinander verflochten.

In der modernen Kultur ist es gang und gäbe, manche Produkte nach einmaliger Benutzung wegzuwerfen, zum Beispiel Kunststoffbecher. Im Jahr 2016 gab die Ellen MacArthur Foundation auf dem Weltwirtschaftsforum bekannt, dass wir, sollten wir den Stoff weiterhin in diesem Tempo produzieren, bis 2050 mehr Kunststoff im Meer haben werden als Fisch. Und wenn wir eine solche Mentalität in Bezug auf unsere Sachen haben, dann kann es leicht so weit kommen, dass wir schließlich auch in unseren Beziehungen nach dem Wegwerfprinzip verfahren.

Die Erinnerung daran, wie meine Mutter, eine unersättliche Leserin, mir die Klassiker der indischen Literatur vorlas, ist immer noch in mir lebendig. Fast schon schauspielernd erzählte sie mir aufregende Geschichten von Göttern und Dämonen, die um Mutter Erde kämpfen; und von Mutter Ganga, die zum Meer fließt und auf diesem Weg alles versorgt, was lebt. Sie erzählte mir auch von Mutter Kuh, die in unserer Tradition als heilig gilt. Die Erde und der Fluss Ganges sind keine lebendigen Wesen, und die Kuh ist nur ein Tier. Doch in den östlichen Weisheitslehren wird uns beigebracht, sie zu behandeln, als seien sie unsere Mutter. Bei einem derartigen Ausmaß an Respekt gegenüber unbelebten Dingen ist leicht nachvollziehbar, warum Menschen, die echte Spiritualität praktizieren, bekannt dafür sind, dass sie starke zwischenmenschliche Bindungen haben.

»So hat mir das noch nie zuvor jemand erklärt. Aber wissen Sie, was? Ronaldo und Messi hätten den Schock ihres Lebens, wenn sie diese Geschichte hörten. Ihr ganzes Leben basiert darauf, einen Fußball zu treten und Tore zu schießen«, schmunzelte Harry.

»Es geht dabei nicht ums Treten«, sagte ich. »Alles hat einen bestimmten Zweck und muss entsprechend genutzt werden. Würden Sie jemals mit einem Lineal die Temperatur messen? Ich hoffe nicht. Wir sollten die Gegenstände für den Zweck nutzen, für den sie bestimmt sind, sie aber stets mit äußerster Wertschätzung und Respekt behandeln.«

»Hmmm. Aber ich teile mein Leben eher in einzelne Bereiche auf«, sagte Harry. »Ich betrachte nicht jeden Aspekt meines Daseins als mit allem verbunden. Ich bin es gewohnt, alles in Schubladen einzusortieren, zum Beispiel: Das ist meine Arbeit, das sind meine Beziehungen, das ist meine Spiritualität«, sagte er und verdeutlichte mit Gesten, was er sagen wollte.

»Das kann man von zwei Seiten her betrachten. Aus praktischen Gründen ist es für uns sicherlich oft sinnvoll, alles in Kategorien einzuteilen, aber wir sollten uns dennoch dessen bewusst sein, dass die Art und Weise, wie wir in einem Bereich unseres Lebens handeln, für einen anderen Bereich fatale Folgen haben kann.«

»Das ist sicherlich richtig. In Konflikten mit meiner Frau habe ich vielleicht eine Rolle zu spielen. Vielleicht bin ich ihr gegenüber unsensibel. Es braucht zwei Hände zum Klatschen – vielleicht spiegelt ihr Verhalten mir gegenüber nur meine eigene Reaktion wider«, sagte er.

»Ja, manchmal provozieren wir selbst die Antwort, die uns andere geben. Wenn wir sie ansehen und dabei bedenken, dass auch wir das eine oder andere an uns verbessern müssen, können wir leichter einschätzen, wie wir uns gegenüber anderen verhalten sollten«, antwortete ich. »Lassen Sie uns darüber reden, wie wir das Positive in unseren Beziehungen sehen können.«

Zusammenfassung

→ Wir müssen mit Worten und Taten feinfühlig sein. Feinfühlig zu sein bedeutet, stets darauf zu achten, wie sich unser Gegenüber fühlen könnte, bevor wir etwas sagen oder tun. Zum Beispiel musste ich berücksichtigen, dass Manasis negative Erfahrung im Ashram, in dem ich lebe, ihre Einstellung gegenüber der gesamten Gemeinschaft beeinflusst hatte.

→ Wie praktizieren wir einfühlsames Verhalten? Wir müssen sogar unbelebte Objekte mit Rücksicht und Respekt behandeln. Tun wir das nicht, wird die Mentalität der Gefühllosigkeit womöglich Teil unserer allgemeinen Einstellung.

→ Unser Instinkt oder unsere allgemeine Grundeinstellung unterscheidet nicht zwischen Gegenständen und Menschen. Objekte schlecht zu behandeln kann unsere Einstellung negativ beeinflussen, was sich wiederum auf unsere Beziehungen auswirkt.

… 9 …

Das Gute sehen

*Es gibt viele Möglichkeiten,
andere wahrzunehmen.
Wir sollten uns nun für diejenige entscheiden,
die das Positive hervorhebt und
das Negative scheut.*

»Sieh immer das Positive im Menschen,
denn jeder hat seine eigene Geschichte.
Niemand ist perfekt, doch perfekt wäre es,
wenn jeder so akzeptiert würde, wie er ist.«

Anonym

Wir saßen immer noch inmitten hupender Autos um uns herum fest, während Krähen über uns krächzten, doch wir kamen unserem Ziel näher. Noch immer wussten wir nicht, was den Stau verursachte. Harry fragte, ob er die Klimaanlage ausschalten dürfe, und sagte: »Von der Klimaanlage bekomme ich manchmal Halsschmerzen. Ist es in Ordnung, wenn ich das Fenster ein wenig öffne? Ich hoffe, es macht Ihnen nichts aus.«

»Natürlich nicht«, antwortete ich, während wir beide die Fensterscheiben einige Zentimeter herunterließen. »Sie hatten gerade etwas gesagt – bitte sprechen Sie weiter«, sagte Harry.

Ich wollte gerade etwas sagen, als eine Biene ins Auto flog. Bienen sind normalerweise harmlos, doch da so wenig Platz war, warfen Harry und ich beide den Kopf nach hinten gegen die Kopfstützen und blieben regungslos sitzen. Unsere gelbschwarze Freundin schwirrte auf dem Armaturenbrett des Autos herum. Möglicherweise angezogen vom Jasmin-Autoduft, der aus den Lüftungsschlitzen strömte, suchte sie wohl nach Blumen. Als sie erkannte, dass in unserem Fahrzeug kein Blütenpollen war, flog sie fröhlich davon und sang dabei das Bienenlied.

»Das war knapp«, sagte Harry sichtlich erleichtert. »Die war ja riesig!«

»Ich bin nur dankbar, dass es nicht ihre temperamentvolle, aggressive Cousine war«, sagte ich und meinte damit Wespen. »Von Bienen können wir so viel lernen«, begann ich, als mir ein Gedanke kam. »Sie sind immer auf der Suche nach Blütennektar und halten sich nicht gern dort auf, wo Schmutz ist. Wir sollten wie Bienen sein – immer das Beste im Menschen sehen und nicht bei ihren Fehlern verweilen.«

»Wie soll man das denn schaffen? Das finde ich zu schwierig, wenn ich da an meine Beziehungen zu anderen denke«, antwortete Harry.

»Es hängt alles davon ab, worauf wir achten. Ich habe gelernt, dass es fünf verschiedene Möglichkeiten gibt, wie wir andere in unseren Beziehungen wahrnehmen können. Lassen Sie mich noch ein bisschen mehr davon erzählen.«

TYP EINS
Sieht das Gute gar nicht

Typ eins sieht nur das Schlechte und neigt dazu, es unverhältnismäßig aufzubauschen. Möglicherweise aus Groll, Abneigung oder Unsicherheit heraus sehen solche Menschen einfach keine guten Eigenschaften an anderen. Sosehr man sich auch bemüht, ihnen die guten Seiten der betreffenden Person zu erklären, sie weigern sich, ihre Meinung zu ändern. Sie entdecken einen kleinen Schmutzfleck auf dem Gesicht ihres Gegenübers und nehmen sie dann so wahr, als sei ihr ganzer Körper schlammüberzogen.

Das erinnert mich an eine Geschichte, die ich vor einiger Zeit gehört habe. Ein junges Paar lebte in einem hübschen Haus in einer schönen Gegend. Aus irgendeinem Grund mochte die Frau ihre Nachbarin nicht, die direkt nebenan wohnte. Eines Morgens schaute die junge Frau aus dem Fenster und sah, wie ihre Nachbarin Wäsche auf die Leine hängte.

»Sieh dir das an«, sagte sie zu ihrem Mann. »Hast du gesehen, wie schmutzig ihre Kleidung auch nach dem Waschen noch ist? Ich finde es schockierend, dass sie als Hausfrau mittleren Alters nicht weiß, wie man Kleider so wäscht, dass sie sauber werden. Vielleicht sollte sie wieder zu ihrer Mutter ziehen und Unterricht nehmen, wie man richtig wäscht.«

Ihr Mann hörte schweigend zu. Jedes Mal, wenn ihre Nachbarin ihre Kleider zum Trocknen aufhängte, ließ die junge Frau keine Gelegenheit aus, gehässige Kommentare abzugeben. Nach ein paar Wochen sah die Frau ihre Nachbarin wieder Wäsche aufhängen. Doch diesmal war etwas anders.

»Hast du das gesehen? Erstaunlich!«, sagte die überraschte Frau zu ihrem Mann. »Endlich sind ihre Kleider sauber! Bestimmt hat sie sie nicht selbst gewaschen. Jemand anders muss es für sie getan haben!« Ohne auch nur von seinem Platz aufzustehen, um sich die Wäsche der Nachbarin anzusehen, antwortete der Mann: »Weißt du, was, Schatz? Ich bin heute Morgen früh aufgestanden und habe unsere Fenster geputzt.«

Ist es nicht so, dass das, was wir in anderen sehen, davon abhängt, durch welches Fenster wir blicken? Wenn wir unsere eigenen Fenster putzen, kann das unsere Sichtweise verändern.

Typ-eins-Menschen erkennen jedoch noch nicht einmal an, dass ihre Fenster schmutzig sind, geschweige denn, dass sie sie putzen. Sie nehmen die saubere Wäsche nicht nur weiterhin als schmutzig wahr, sondern zerreißen sich auch weiter darüber das Maul.

TYP ZWEI
Sieht das Gute und das Schlechte, entscheidet sich aber, das Gute nicht zu beachten

Der zweite Typ sieht zwar Gutes und Schlechtes in den Menschen, trifft aber die bewusste Entscheidung, das Gute zu ignorieren und sich auf das Schlechte zu konzentrieren. Ebenso wie manche ein selektives Gehör haben – also nur bestimmte Dinge hören –, haben solche Menschen eine selektive Denkweise.

Viele meiner Videos der letzten Jahre haben sich zwar rasant verbreitet, erreichen aber nicht annähernd die Popularität von Hundevideos. Wir sind oft Hundenarren, müssen uns jedoch fragen, womit wir diesen treuen Freund überhaupt verdienen. Eine interessante Geschichte zeigt, wie ergeben Hunde sind. Ich weiß nicht, wie weit sie der Realität entspricht, aber hier ist sie trotzdem:

Eines Tages ging ein Mann in den Supermarkt, um Lebensmittel zu kaufen. Er schob gerade seinen Wagen vor sich her und sah sich die Liste an, die seine Frau ihm mitgegeben hatte, als er in einen anderen Wagen hineinfuhr. »Entschuldigung!«, rief er automatisch aus. Doch was er dann erblickte, schockierte ihn: Der andere Einkaufswagen wurde von einem Hund geschoben, der dann auch die verschiedenen heruntergefallenen Gegenstände aufhob! Erstaunt folgte der Mann dem Hund von Gang zu Gang und beobachtete heimlich jede seiner Bewegungen. Der Hund holte Obst, Schokolade, Brot und Nudeln, eine ganze Tasche voller Proviant. Dann ging er zur Kasse und gab dem Kassierer ein paar Dollarscheine, um zu bezahlen. Der gleichmütige Kassierer blieb unbeeindruckt. Offenbar kannte er diesen pelzigen Freund. Dem Beobachter fiel auf, dass der Kassierer dem Hund zehn Dollar zu wenig herausgab. Der Hund bellte jedoch und zerrte an dessen Hosenbein, bis er ihm die richtige Summe gab. »Wie ist das möglich?«, dachte der Mann völlig baff. »Ich muss herausfinden, wem dieser intelligente Hund gehört!«

Er folgte dem Hund den ganzen Weg bis zu seinem Zuhause im fünfzehnten Stock eines Apartmenthauses. Sie haben es schon geahnt: Der Hund drückte im Aufzug auf den Knopf der richtigen Etage. Dann ging er zu einer dunkelblauen Tür und ließ den Einkauf fallen, kratzte an der Tür und jaulte, um die Aufmerksamkeit seines Besitzers zu erregen. Nach einiger Zeit öffnete dieser die Tür und begann den Hund anzuschreien. »Du nichtsnutziges, undankbares, unfähiges Viech! Ich hoffe, du hast wenigstens alles mitgebracht!« Schließlich gingen sie beide hinein.

Der Beobachter war jetzt noch verwirrter. Hatte der Besitzer des Hundes das eben wirklich gesagt? Neugierig klopfte er dreimal an die Tür und wartete ungeduldig, denn er wollte den Besitzer unbedingt fragen, warum er seinen genialen Hund angeschrien hatte. Die Tür wurde geöffnet.

»Ja?«, blaffte der Besitzer.

»Guten Tag, äh, ich hätte eine kurze Frage. Ich habe gesehen, dass Ihr Hund den ganzen Einkauf im Supermarkt für Sie erledigt und es geschafft hat, den Kassierer dazu zu bringen, ihm das richtige Wechselgeld herauszugeben; dann ist er den ganzen Weg zurück zu diesem Gebäude gelaufen, hat die richtige Nummer im Aufzug gedrückt – er ist einfach unglaublich! Warum haben Sie ihn denn angeschrien? Ich muss wissen, warum.«

»Ja. Das ist alles normal für ihn. Aber jetzt hat er schon zum zweiten Mal die Wohnungsschlüssel vergessen. Es ist zum Heulen, ich musste extra aufstehen und die Tür öffnen!«

Dem Mann, der gefragt hatte, fiel die Kinnlade herunter; er stand vor der Wohnung und konnte kaum glauben, was er soeben gehört hatte.

Ist das nicht auch die Geschichte unseres Lebens? Unsere Freunde und Familie tun so viel Gutes, aber wir lassen es unbeachtet und konzentrieren uns ausschließlich auf das Negative. Wunderbares geschieht überall um uns herum und auch im Inneren derjenigen, die wir lieben, aber ein Mensch dieses Typs kann nur daran denken, dass der andere den Schlüssel vergessen hat!

TYP DREI

Sieht das Gute und das Schlechte gleichermaßen, aber beides lässt ihn kalt

Typ drei sieht in anderen sowohl Gutes als auch Schlechtes. Solche Menschen konzentrieren sich zwar nicht auf das Schlechte, doch das Gute kümmert sie ebenso wenig. Sie nehmen an nichts und niemandem Anteil, entweder weil sie sich nur mit sich selbst beschäftigen oder weil sie gleichgültig sind – es interessiert sie einfach nicht. Es ist nahezu unmöglich, eine solche Person zu finden.

TYP VIER
Sieht das Gute und das Schlechte, entscheidet sich aber bewusst dafür, das Schlechte außer Acht zu lassen

Dann gibt es diejenigen, die sowohl das Gute als auch das Schlechte sehen, aber sich bewusst vornehmen, das Schlechte zu ignorieren und sich auf das Gute zu konzentrieren. Dieser Vorsatz macht ihnen das Leben nicht leicht, denn sie müssen sich bewusst anstrengen, um der natürlichen menschlichen Tendenz zu entgehen, das Schlechte zu betonen. Es kann sehr mühselig sein, sich ständig auf das Gute zu konzentrieren.

Ein Artikel über den verstorbenen Industriellen Aditya Birla, der in der *Times of India* erschienen ist, beschreibt anschaulich die Eigenschaften eines solchen Menschen.

Aditya Birla war CEO des Multimilliarden-Dollar-Unternehmens Hindalco Industries. Der Artikel handelt von einem seiner leitenden Angestellten, dem ein Fehler unterlaufen war, der dem Unternehmen einen Verlust von mehreren Millionen Dollar bescherte. Jeder andere hätte den Mitarbeiter gefeuert, wenn nicht sogar verklagt – nicht so Aditya Birla. Bevor er sich mit ihm traf, nahm Birla einen Notizblock heraus und schrieb eine Überschrift oben auf die Seite: *Punkte, die für diesen Mitarbeiter sprechen.* Darunter zählte er alle Stärken dieses Mannes auf und berücksichtigte auch die Zeit, die er dem Unternehmen Millionen

Dollar eingebracht hatte. Aditya Birla hatte sich bewusst dafür entschieden, seine Aufmerksamkeit auf all das Gute zu richten, das diese Führungskraft für das Unternehmen bewirkt hatte – noch bevor er irgendein Urteil fällte oder sich mit dem Fehler befasste.

Als sich im Unternehmen die Nachricht verbreitete, dass Birla diesen Mitarbeiter nicht entlassen hatte, entwickelte sich eine Unternehmensphilosophie und -kultur des sensiblen Umgangs miteinander. Ein anderer leitender Angestellter des Unternehmens schrieb: »Wann immer ich in Versuchung gerate, jemanden zu rügen, überrede ich mich selbst, dass ich mich hinsetze und eine Liste aller guten Eigenschaften des Betreffenden schreibe. Das ändert vielleicht nicht unbedingt etwas an meiner Entscheidung, aber es hilft mir, die Dinge zu relativieren und meinen Zorn zu kontrollieren.«

Sich auf das Gute zu konzentrieren und einen Umgang mit dem Schlechten zu finden ist ein Prinzip, das Beziehungen retten und uns helfen kann, die richtigen Entscheidungen zu treffen.

TYP FÜNF

Nimmt Schlechtes gar nicht wahr; sieht nur Gutes, so gering es auch sein mag, und hebt es hervor

Nur Gott ist auf seiner Ebene dazu in der Lage – oder jemand, der höchste spirituelle Verwirklichung erlangt hat. Ausschließlich das Gute am Charakter eines Menschen zu sehen oder etwas geringfügig Gutes so hervorzuheben, dass es das Schlechte überstrahlt, ist zwar eine bravouröse Leistung, aber für die meisten von uns kaum praktikabel.

Für gut funktionierende Beziehungen ist es ideal, wenn wir die vierte Stufe erreichen. Es ist leider menschlich, dass wir gern über die Fehler anderer tratschen; wir öffnen die Augen und sehen nur Schmutz. Mit Übung können wir jedoch in das Stadium gelangen, in dem wir sowohl das Gute als auch das Schlechte sehen, und bewusst die Entscheidung treffen, uns auf das Gute zu konzentrieren und das Schlechte nicht zu beachten.

»So hat mir das noch nie jemand erklärt!«, rief Harry aus.

»Die Analyse stammt nicht von mir, ich habe sie von Srila Prabhupadas Anhängern gehört«, antwortete ich.

»Können Sie eins noch näher erklären? Wie lässt man das Schlechte ganz außer Acht?«

»Schlechtes außer Acht lassen bedeutet nicht, dass wir uns nicht praktisch damit befassen. Es bedeutet nur, wir lassen nicht zu, dass unser Geist sich nur auf das Schlechte konzentriert und es fortwährend wiederkäut.«

»Genau!« Harry stimmte dem vehement zu, obwohl er es meinem Eindruck nach nicht unbedingt von Grund auf verstanden hatte.

»Bei meiner Frau lasse ich Schlechtes eher nicht außer Acht, sondern ich befasse mich damit ...« Er hielt inne. »Meiner Meinung nach versuche ich durchaus, feinfühlig damit umzugehen, aber es entsteht trotzdem immer eine unangenehme Atmosphäre zwischen uns beiden, und am Ende ist sie, glaube ich, verletzt. Dann macht sie sarkastische Bemerkungen. Daraufhin sage ich ihr wiederum, sie soll das bleiben lassen, aber der Teufelskreis fängt wieder von vorn an. Es ist frustrierend!«

Zusammenfassung

→ Das Beste in Menschen zu sehen kann bisweilen eine Herausforderung sein, besonders wenn wir eng mit ihnen zusammenleben.
→ Es gibt fünf Arten, wie wir andere Menschen wahrnehmen können:
- nur das Schlechte an ihnen sehen und es aufbauschen;
- das Gute und das Schlechte sehen, aber das Gute außer Acht lassen und uns auf das Schlechte konzentrieren;
- sowohl Gutes als auch Schlechtes wahrnehmen und beidem gegenüber gleichgültig sein;
- das Gute und das Schlechte sehen, aber beschließen, uns auf das Gute zu konzentrieren und das Schlechte außer Acht zu lassen;
- das Gute sehen und es hervorheben.

→ Der Idealzustand ist die vierte Stufe; dort gedeihen unsere Beziehungen.
→ Die vierte Stufe zu erreichen erfordert konsequente harte Arbeit und Übung.

··· 10 ···
Andere behutsam korrigieren

*Korrigierendes Feedback
kann unsere Beziehungen festigen
oder zerstören.*

»Es ist seltsam: Falsch gehandhabt,
haben Worte dieselbe Wirkung
wie Schwerter.«

ANONYM

··•·••·

Meistens ist unsere Frustration darin begründet, dass wir in unseren Beziehungen nicht richtig miteinander umgehen«, sagte ich in dem Versuch, Harry zu trösten. »Und das wiederum liegt an unserer schlechten Kommunikation, sei es mittels Körpersprache, Taten oder Worten. Wir müssen die volle Verantwortung für unsere Beziehungen übernehmen«, fuhr ich fort.

»Aber wenn ich fortwährend darüber nachdenken müsste, was ich sagen darf, um meine Frau nicht zu verärgern, wäre das doch ein elendes Leben und auch sehr berechnend«, erwiderte Harry.

Ich seufzte. »Ja, stimmt, Harry, wir müssen unsere Worte sorgfältig wählen, wenn wir andere kritisieren. Aber vorher müssen wir lernen, Wertschätzung in sie zu investieren.«

Ich machte mich bereit, es ausführlicher zu erläutern.

Vor der Abhebung steht die Investition

Ende September 2017 sprach ich auf Einladung an der Bombay Stock Exchange, der Börse von Mumbai, zum Thema »Die indische Kultur und die Stärkung der Work-Life-Balance«. Ort und Zuhörerschaft der Veranstaltung entsprachen dem, was man erwarten würde: ein weiträumiges, rundes Auditorium, eine große Bühne mit einem roten Samtteppich und 150 Börsenführungskräfte aus aller Welt. Es war ein prestigeträchtiges Ereignis, und ich fühlte mich geehrt, dass man mich eingeladen hatte, dort einen Vortrag zu halten. Ein Punkt, den ich ansprach, fand bei dem erfolgsverwöhnten Publikum offenbar besonderen Anklang. Ich erklärte: »Unsere Investmentfonds und unsere Beziehungen haben eines gemeinsam: In beide müssen wir erst investieren, bevor wir etwas entnehmen können.« So ist es oft – wir vergessen, Wertschätzung und Liebe in eine Person zu investieren, bevor wir sie kritisieren. Das kann dazu führen, dass sie sich demotiviert und nicht wertgeschätzt fühlt. Um gesunde Beziehungen aufzubauen, ist es entscheidend, die Kunst der Wertschätzung zu erlernen. Das wurde mir während eines Aufenthalts in Nepal klar.

Ich erinnere mich noch: Obwohl ich vor Kälte zitterte und mit den Zähnen klapperte, nahmen meine Augen die Schönheit der Umgebung in sich auf. Es war bitterkalt in Muktinath, am Fuß des Thorong La, eines Bergpasses im Himalaja. Muktinath ist für Hindus und Buddhisten gleichermaßen ein heiliger Ort. Für die Hindus ist es der Ort, an dem die natürliche Form Vishnus stromabwärts am Fluss Kali Gandaki zu finden ist. Und für die Buddhisten ist es unter anderem deswegen eine Pilgerstätte, weil sie mit bestimmten Gottheiten in Zusammenhang gebracht wird.

Einige Mönche, darunter auch ich, hatten eine Gruppe aus mehreren Familien zu einem spirituellen Retreat in diesen schönen Teil der Welt begleitet. Nachdem wir einige Zeit damit verbracht hatten, über die Bedeutung des Ortes zu sprechen, an dem wir uns befanden, kehrten wir zu unserer Unterkunft zurück. Der Zweck dieser Reise war nicht nur der, alle spirituell bedeutsamen Stätten zu besuchen, sondern – noch wichtiger – Zeit mit diesen Familien zu verbringen. Es gibt keinen Ersatz für miteinander verbrachte *quality time*, und ich habe festgestellt, dass es sich enorm stärkend auf die Verbundenheit auswirken kann, wenn man inmitten der Natur offen kommuniziert. Es hätte keine bessere Kulisse dafür geben können als den Himalaja!

Als ich zu dem Haus zurückkehrte, das wir im Ort gemietet hatten, startete ich meinen Laptop, um meine E-Mails zu checken. Obwohl für mich selbst die Zeit während dieses spirituellen Retreats stehen geblieben war, galt das nicht für die Menschen in Mumbai, die dringende Probleme hatten und sie mit mir besprechen wollten. Als ich durch meinen Posteingang scrollte und nach den Dingen suchte, die nicht aufgeschoben werden durften, fiel mir eine markierte E-Mail auf. »Ihr Visum für die Ukraine wurde genehmigt. Ihr Reisepass kann entweder persönlich in Delhi abgeholt oder auf dem Postwege an eine Adresse Ihrer Wahl versandt werden, was voraussichtlich fünf Werktage in Anspruch nehmen wird.«

Fünf Werktage? Ich geriet in Panik. Ein weiterer Mönch und ich sollten in drei Tagen in die Ukraine fliegen, unmittelbar nach unserer Landung in Mumbai. Keinesfalls durfte ich meinen Flug in die Ukraine verpassen; mein spiritueller Lehrer Radhanath Swami hatte mich persönlich gebeten, dorthin zu reisen.

Sofort stand ich auf, während schon Planungen in meinem Kopf abliefen, und lief in den Gemeinschaftsraum des Hauses. Alle lachten und wärmten sich bei etwas Kräutertee auf, ihre Wollmützen und Handschuhe trockneten an den Heizkörpern. Da ich es für angebracht hielt, fragte ich einen der älteren Mönche aus Höflichkeit, ob ich etwas früher nach Delhi fliegen könne, um meinen Pass beim Konsulat der Ukraine abzuholen. Mit Bus und Bahn dauerte eine Reise von Kathmandu nach Delhi strapaziöse 34 Stunden; mit dem Flugzeug ging es viel schneller. Das würde mir wertvolle Stunden ersparen in meinem Wettlauf gegen die Zeit, um nach Osteuropa zu gelangen.

»Wie willst du denn fahren?«, fragte er mich, während er an seinem heißen Ingwertee nippte.

»Fliegen, das dauert nur ein paar Stunden«, sagte ich zuversichtlich.

»Und wer bezahlt den Flug?«

Ich spürte, dass das Ganze nicht so laufen würde, wie ich es gern gehabt hätte. »Na ja …«, druckste ich herum, um nicht zu antworten: »Der Tempel« – der ohnehin schon knapp an Geld war. »Ich muss dorthin, weil mein Pass in Delhi ist. Wir können nicht rechtzeitig in die Ukraine fliegen, wenn ich meinen Pass nicht bis morgen früh abhole«, flehte ich.

Der Geräuschpegel der redenden Menschen um uns herum legte sich, während sie sich zunehmend unserem Gespräch zuwandten. Der ältere Mönch setzte seinen Tee ab.

»Ich halte das für keine gute Idee. Du kannst mit uns im Zug nach Delhi fahren und ein paar Tage später in die Ukraine fliegen«, sagte er in bestimmtem Ton.

Unsere Tickets waren bereits gebucht. Doch ich beließ es dabei und ging in mein Zimmer, um das Ganze sacken zu lassen. Am Abend hielt der ältere Mönch einen kleinen Vortrag vor der Gruppe und erzählte Geschichten über die Orte, die wir besichtigt hatten. Als die Essenszeit herannahte, sprach ich ihn erneut auf das Thema an. Es war sehr wichtig, dass ich in die Ukraine reisen konnte.

Er stand auf und erhob seine Stimme vor allen anderen Anwesenden: »Ich habe dir bereits gesagt, dass das nicht geht. Warum fängst du schon wieder mit diesem Thema an? Hast du keine Manieren?« Er fuhr fort, mich lächerlich zu machen – fünf Minuten, die sich scheinbar endlos in die Länge zogen. Es war demütigend. All diese Familien kannten mich persönlich; ihre Kinder blickten zu mir als Vorbild auf, und nun wurde ich auf diese Weise öffentlich verunglimpft.

Ich ging und zog mich in mein Zimmer zurück. In unserem drei Meter langen Raum mit Etagenbetten auf beiden Seiten lief ich keuchend hin und her. Meine Augen füllten sich mit Tränen, meine Gedanken rasten. »Wie konnte er nur so mit mir sprechen?«, dachte ich, »Ich hatte geglaubt, wir wären Freunde! Er versteht nicht, wie wichtig mein Flug in die Ukraine ist!« Im Zorn kann es leicht geschehen, dass man auf jemanden losgeht. Wenn unser Ego zerschmettert wird, spielen die Gefühle verrückt. Ich brachte mich unter Kontrolle, atmete tief ein und sprach schweigend ein Gebet – ich entschied mich, auf »Pause« zu drücken.

Er hatte nicht ganz unrecht. Die finanziellen Mittel des Tempels waren knapp bemessen, die mitreisenden Familien um Geld zu bitten war unangebracht, und ich konnte sie auf dieser Reise nicht einfach so im Stich lassen. Das waren die praktischen Gründe, die ich auflistete, um mich zu beruhigen. Es half zwar, aber nur ein bisschen. Ich schloss die Augen und erinnerte mich wie in einer Rückblende an all die

Jahre im Ashram, in denen der ältere Mönch mich gefördert hatte und mir in schwierigen Zeiten ein Freund gewesen war. Er war derjenige gewesen, der mir das Gefühl gegeben hatte, der Ashram sei mein Zuhause. In der ganzen Zeit, die ich ihn kannte, hatte er mich noch nie so behandelt. Er hatte schon immer Liebe, Freundlichkeit und Vertrauen in mich »investiert«. Es war gar nicht seine Art, so auf jemanden loszugehen. Vielleicht bedrückte ihn etwas?

Ich wusch mir das Gesicht und kehrte dorthin zurück, wo sich alle versammelt hatten. Es roch nach Tomatensuppe und frisch gebackenem Brot, doch als ich den Raum betrat, war die Spannung spürbar. Ich ging hinein, als sei gar nichts geschehen, und verhielt mich wie immer. Der Mönch blickte mich an, und unsere Augen trafen sich – unsere subtile Methode, uns zu entschuldigen und dem anderen zu vergeben. Man konnte sehen, wie die Anwesenden erleichtert aufatmeten. Ich hatte ihm vergeben; wir brachten das Problem nicht noch einmal aufs Tapet.

Der Busbahnhof in Kathmandu war morgens sehr belebt: Da waren Verkäufer, die Tee aus Metallbehältern anboten; Träger, die Karren mit dem Gepäck der Reisenden im Eiltempo hinter sich herzogen, und Touristen in Shorts mit riesigen Kameras, verfolgt von Kindern, die auf ein paar Rupien aus waren – eine Szene, wie sie auf den meisten Zug- und Busbahnhöfen Südasiens zu finden ist. Wir fuhren zehn Stunden lang mit dem Bus nach Gorakhpur, wo unsere Reise mit dem Zug weiterging.

Schnell stiegen wir vom Bus in den Zug um. Wir hatten Tickets für eine Kabine der Schlafwagenklasse, in der die Sitze in drei Etagenbetten verwandelt werden konnten. Begeistert sah ich die blauen Liegeplätze, denn mein Hals schmerzte etwas, nachdem ich den ganzen Tag im Bus gesessen hatte. Ich setzte mich ans Fenster und beobachtete, wie der Zug an Fahrt gewann und durch die wunderschöne Landschaft fuhr.

Eine halbe Stunde nachdem der Zug losgefahren war, kam der ältere Mönch und nahm bedachtsam neben mir Platz. Er hielt meine Hand und entschuldigte sich tränenüberströmt dafür, wie er mich behandelt hatte. Ich konnte nicht anders, als mit ihm zu weinen – noch nie hatte ich ihn emotional so aufgewühlt erlebt. Wenn wir sehen, dass Menschen, die uns am Herzen liegen, die Fassung verlieren, sind wir natürlich selbst auch erschüttert. Ich entschuldigte mich ebenfalls bei ihm und sagte, dass ich ihn nicht hätte drängen sollen; seine Bedenken seien berechtigt gewesen. Doch er akzeptierte meine Entschuldigung nicht und bestand darauf, die Schuld liege ganz allein bei ihm. Echte Vergebung trägt wirklich dazu bei, dass sich sehr starke Bindungen zwischen Freunden herausbilden.

Ein paar Wochen später, als wir anlässlich einer Veranstaltung erneut mit allen Familien zusammenkamen, fragten wir sie nach ihren persönlichen Highlights der Nepalreise. Wir erwarteten, dass sie die mystischen Tempel, die Landschaft um Kathmandu herum oder sogar unsere Vorträge nennen würden, doch keiner von ihnen tat das. Sie alle waren sich einig, das Highlight sei die Freundschaft zwischen mir und dem älteren Mönch gewesen. Von der unangenehmen Auseinandersetzung bis hin zur Vergebung staunten sie angesichts unserer tiefen Verbundenheit. Bis heute ist er einer meiner engsten Freunde.

Nur wenn wir in Menschen investieren, können wir sie korrigieren. Mitunter ist die Art, wie das geschieht, heftig, aber wir sind alle nur Menschen. Fehler passieren, Geduldsfäden reißen. Aber wenn wir stark in andere investiert haben, wenn wir ihnen die Sorgfalt, Liebe und Wertschätzung entgegenbringen, die sie verdienen, wirken solche kleinen »Entnahmen« wie Regenspritzer und nicht wie ein sintflutartiger Monsun. Das heißt nicht, dass wir nie korrigierendes Feedback geben dürfen – wir müssen aber die Kunst erlernen, es richtig zu machen.

Korrigierendes Feedback – eine Kunst

Über alle anderen Bedürfnisse hinausgehend ist die größte Sehnsucht jedes Einzelnen, *Liebe zu geben und geliebt zu werden*. Dass dieses Mantra Früchte trägt, wird durch unsere Beziehungen ermöglicht. Überraschenderweise kann es jedoch leicht geschehen, dass die Beziehungen, die wir pflegen und die uns so am Herzen liegen, vernachlässigt und missbraucht werden. In den meisten Fällen geschieht das nicht absichtlich, sondern aus Unwissenheit heraus, weil uns nicht klar ist, wie man sich verhalten sollte. Wir mögen zwar unser Feedback mit den besten Absichten geben, aber unangemessene Ratschläge schaden unter Umständen mehr, als sie nützen. Deshalb müssen wir lernen, es richtig zu machen. Es erfordert Übung und Selbstreflexion, diese Fähigkeit zu entwickeln. Jedes Mal, wenn Sie das Bedürfnis haben, jemandem ein korrigierendes Feedback zu geben, denken Sie an die folgenden vier Fragen.

1. Bin ich die richtige Person, um korrigierendes Feedback zu geben?

Ist es angemessen, dass Sie diese Person korrigieren? Wir alle würden sicherlich auch ein Kind anschreien, das nicht unseres ist, um zu verhindern, dass es sich verletzt. Derartige Ausnahmesituationen meinen wir hier aber nicht. Würden Sie auch in einer anderen Situation einem Kind, das nicht Ihr eigenes ist, ein korrigierendes Feedback geben? Würden Sie den Ehepartner einer anderen Person kritisieren? In den meisten Situationen wohl nicht. Deshalb müssen wir uns fragen: Bin ich der oder die Richtige, um diese Rückmeldung zu geben, oder ist jemand anders besser dafür geeignet? Bin ich ein Verwandter? Bin ich eine Freundin? Bin ich in irgendeiner Weise befugt, korrigierendes Feedback zu geben? Wenn die Antwort auf eine dieser Fragen Ja lautet, dann können Sie mit der nächsten fortfahren.

2. Habe ich den richtigen Beweggrund, korrigierendes Feedback zu geben?

Es heißt, wir können zweierlei in unserem Leben kontrollieren: unsere Wünsche und unsere Beweggründe. Unsere Wünsche bestimmen, *was* wir wollen, und die Beweggründe sagen uns, *warum* wir es wollen. In vielen Fällen korrigieren wir andere vielleicht nur deswegen, weil wir noch eine alte Rechnung mit ihnen zu begleichen haben. Wir hegen vielleicht irgendeinen Groll gegen sie und nehmen die Gelegenheit wahr, sie zu korrigieren, um Genugtuung zu erlangen. Doch das sollte nicht unser Motiv sein. Vielmehr sollte unser Beweggrund sein, die Person als Freund oder Freundin zu unterstützen. Wir sollten also gewissenhaft prüfen, ob unser

Beweggrund angemessen ist. Wir wollen dem Betreffenden helfen, davon abzukommen, etwas falsch zu machen. Ein Feedback, das einem Ort der Liebe entspringt, mag zwar ungenießbar erscheinen, kann aber dennoch, wenn es angemessen gegeben wird, gut schmecken und hat dann auch die richtige Wirkung.

3. Weiß ich, wie ich richtig anfange, korrigierendes Feedback zu geben?

Jack war Elektroingenieur. Sein Arbeitstag war anstrengend und stellte hohe geistige Anforderungen; er musste sich mit komplexer Physik auseinandersetzen. Ein Flüchtigkeitsfehler konnte zur Folge haben, dass seine Firma hohe Verluste einfuhr und/oder – für ihn schlimmer noch – ihm kündigte. Es war ein Donnerstag, und Jack war so müde wie noch nie. Alles, was er wollte, war, mit seiner Frau Jill zu Abend zu essen.

Wie Sie vielleicht schon ahnen, ist diese Geschichte erfunden, aber ich verspreche Ihnen, dass sie einen Zweck hat!

Jill war von Beruf Köchin und verwöhnte ihren Mann gern mit neuen experimentellen Gerichten. Sie wartete schon gespannt auf Jack, damit er ihr neues Suppenrezept probieren konnte.

Als Jack nach Hause kam, war sein Gesicht von Müdigkeit gezeichnet; jegliche Farbe war daraus gewichen. Er warf die Aktentasche auf den Boden, löste die Krawatte, begrüßte seine Frau und setzte sich an den Esstisch. »Diese Suppe sieht lecker aus«, sagte er.

»Es ist ein spezielles Rezept, an dem ich den ganzen Tag gearbeitet habe. Ich wollte, dass du es zuerst probierst«, sagte Jill ein bisschen aufgeregt.

Jack ergriff die Schöpfkelle und tat sich etwas von der cremigen roten Suppe auf. Er blickte seine strahlende Frau an und beobachtete jede ihrer Bewegungen. Sie schob ihm über den Tisch einen Löffel hin und legte dann beide Hände unter ihr Kinn, die Ellenbogen auf dem Esstisch aufgestützt, und lehnte sich nach vorn. Jack aß einen Löffel. Tomaten, gut. Chillies, gut. Salz, zu wenig. Die Suppe schmeckte völlig fade.

Was würden Sie in dieser Situation tun? Sie hatten gerade einen schrecklichen Arbeitstag. Wie würden Sie Ihrer Frau zu verstehen geben, dass das, was sie gekocht hatte, so nicht schmeckte?

Glücklicherweise hatte Jack im Handumdrehen eine Lösung parat: Er nahm einen weiteren Löffel aus der Besteckschublade und sagte lächelnd: »Es ist so lange her, dass ich dich liebevoll gefüttert habe. Probier das mal!« Er fütterte sie mit etwas Suppe.

»Oh! Ich habe das Salz vergessen!« Sie sprang auf, weil sie selbst zu dem Schluss gekommen war.

Jack hätte die Suppe seiner Frau leicht mit unfreundlichen Worten kritisieren können. Stattdessen entschied er sich, sein Feedback behutsam zu geben. Menschen sind in der Regel belastbar. Sie können es ertragen, dass sie einen Fehler gemacht haben, aber nur, wenn es ihnen mit Liebe gesagt wird. Sich schroff und beleidigend zu äußern kann für beide emotional belastend sein, und der Empfänger des Feedbacks macht nach einiger Zeit »dicht«. Wie es so schön heißt: »Der Ton macht die Musik.« Der Klang unserer Stimme, unsere Körpersprache und der Gesichtsausdruck machen mehr aus als die Worte, die wir verwenden.

4. Ist es der richtige Zeitpunkt?

Der paradoxeste Moment meines Lebens ereignete sich am Soho Square im Zentrum Londons. Ich hatte gerade eine Stunde lang vor Publikum darüber gesprochen, wie man die Neigung, alles zu bekritteln und überall Fehler zu suchen, überwinden könne, als nach der Veranstaltung einer der Zuhörer zu mir kam und sagte: »Danke für den Kurs, aber ich fand ihn wirklich überhaupt nicht gut.« Fassungslos saß ich da, während er *im Detail* aufzählte, was ihm an meinem Referat und meiner Vortragsweise nicht gefallen hatte. Ich fühlte mich, wie Jill sich gefühlt hätte, wenn Jack an der faden Suppe herumgenörgelt hätte. Es war eine schreckliche Erfahrung, dass jemand mir, unmittelbar nachdem ich Herz und Seele vor anderen ausgebreitet hatte, ein hartes Feedback gab. Möglicherweise war mein Vortrag ja tatsächlich ganz furchtbar, aber selbst wenn das der Fall gewesen sein sollte, hatte dieser Mann einfach den falschen Zeitpunkt gewählt. Hätte er dasselbe ein paar Tage später zu mir gesagt, wären wir beide in einer besseren Gemütsverfassung gewesen.

Wir sollten unserem Ärger nicht einfach freien Lauf lassen, sondern ihn erklären. Wenn wir sagen, was wir fühlen, tun wir das zwar auf die Gefahr hin, unangenehm auf unser Gegenüber zu wirken, aber dadurch, dass wir unsere Gefühle erklären, kann er oder sie sich vielleicht in uns hineinversetzen. Fazit: Hitzköpfe geben kein gutes Feedback – wählen Sie einen besseren Zeitpunkt.

»Wenn wir uns Zeit für diese vier Fragen nehmen, *bevor* wir jemandem ein korrigierendes Feedback geben«, fuhr ich an Harry gewandt fort, »kann das unser Leben verändern. Um

Andere behutsam korrigieren

sie von Grund auf zu verstehen, sollte man sie genau betrachten und mit jemandem darüber sprechen, der mehr Erfahrung hat, denn jede Situation ist anders. Die Prinzipien gelten zwar für alle Situationen, aber die Umsetzung kann von Fall zu Fall variieren, je nachdem, wie gravierend die Situation ist, und sogar je nach unserer Beziehung zur Person. Unseren Ehepartner und unsere Kinder würden wir sicherlich auf unterschiedliche Weise kritisieren. Es gibt kein auf alle anwendbares einheitliches Patentrezept – das gilt auch für die Art und Weise, wie wir anderen Feedback geben.«

»Es dauert bestimmt einige Zeit, bis man das anwenden kann und bis es zu einer Gewohnheit geworden ist«, sagte Harry. Er wandte sich kurz vom Lenkrad ab und blickte mich an.

»Das stimmt«, nickte ich. »Wenn man über etwas Bescheid weiß, heißt das noch lange nicht, dass man es auch umsetzen kann. Feedback auf destruktive Weise zu geben ist eine Sucht. Ebenso wie Raucher zwar *wissen*, dass Rauchen tödlich ist, es aber trotzdem tun, so wird auch unsere Art, mit anderen umzugehen, zur Sucht. Wir *wissen* zwar, wann wir uns achtlos verhalten, aber unsere Gewohnheiten scheinen uns zu einer bestimmten Handlungsweise zu *zwingen*.«

Auf Harrys Gesicht zeigte sich aufs Neue ein Ausdruck, den ich auf dieser Autofahrt schon einmal gesehen hatte. Seine Miene verdüsterte sich, und er atmete langsamer. »Wenn ich aus dem Büro nach Hause komme, bin ich normalerweise gestresst«, flüsterte er. »Ich bin nicht so wie der Mann in der Geschichte mit der Suppe. Ich gehe wirklich schon wegen Belanglosigkeiten in die Luft. Mir war nicht klar, dass all diese kleinen geringschätzigen Verhaltensweisen zu dem führen können, was gestern Abend passiert ist.

Lalita und ich sind wegen irgendeiner Nichtigkeit, an die ich mich noch nicht mal mehr erinnere, in einen gewaltigen Streit geraten. Er schaukelte sich immer weiter hoch, bis sie mich schließlich anschrie und sagte, sie wolle sich scheiden lassen! Scheidung? Wie kann sie denn nach allem, was wir durchlebt haben, die Scheidung wollen?« Zu diesem Zeitpunkt sprach Harry mit sich selbst, und seine Gefühle gerieten immer mehr in Aufruhr. »Was wird meine Familie denken, wenn ich mich scheiden lasse? Würden meine Freunde mich verurteilen? Ich glaube, Achtlosigkeit in kleinen Dingen kann wirklich fatale Folgen haben. Ich liebe meine Frau wirklich und weiß, dass ich mich ändern muss. Wie kann ich ihr aber je verzeihen, dass sie etwas so Grausames und Verletzendes gesagt hat?«

»Eine weitere gefühlsbeladene Frage«, dachte ich. Ich schaute aus dem Autofenster. Wir fuhren an Paaren vorbei, die sich an den Händen hielten und am Meer entlanggingen. »Lassen Sie mich Ihnen etwas erzählen, was noch schlimmer ist.«

Zusammenfassung

→ Etwas im Zorn zu sagen schadet unseren Beziehungen. Daher sollten wir versuchen, es zu vermeiden.

→ Wenn wir korrigierendes Feedback geben müssen, sollten wir vorher tonnenweise Lob und Vertrauen in eine Person investiert haben.

→ Vergegenwärtigen Sie sich im Zusammenhang mit der Geschichte meiner Nepalreise noch einmal: Ich war deswegen imstande, mit dem emotionalen Schmerz umzugehen, weil mir klar geworden war, wie viel derjenige, der mich korrigierte, in der Vergangenheit für mich getan hatte.

→ Korrigierendes Feedback ist eine Kunst, die auf vier Prinzipien basiert. Fragen Sie sich:

- Bin ich der oder die Richtige, um korrigierendes Feedback zu geben?
- Habe ich den richtigen Beweggrund, um korrigierendes Feedback zu geben?
- Weiß ich, wie ich am besten vorgehe, um korrigierendes Feedback zu geben?
- Ist der Zeitpunkt der richtige?

→ Diese vier Prinzipien mühelos umsetzen zu können braucht Zeit, denn für viele ist es zu einer Sucht geworden, korrigierendes Feedback auf unsensible, gefühllose Art zu geben.

··· 11 ···
Vergebung

Vergebung ist ein komplexes Konzept. Wir müssen es von Grund auf verstehen, um es verinnerlichen zu können.

»Dunkelheit kann Dunkelheit nicht vertreiben. Nur Licht kann das. Hass kann Hass nicht vertreiben. Nur Liebe kann das.«

Martin Luther King

··· · ···

Unterwegs in Mumbai, ist man auf Schritt und Tritt von Werbeflächen und Plakaten umgeben. Überall sieht man etwas, was man *unbedingt* kaufen soll, um gesellschaftlich mithalten zu können … Dabei überlässt die Werbung nichts mehr der Fantasie. Betrachten wir zum Beispiel die Kampagnen rund um Getränke: Von »Du hast leicht trinken – biozertifiziert und nur leicht gesüßt« bis »Schmeckt vollfruchtig und gesund« sagen sie ihren Adressaten genau, was sie erwartet. Das spiegelt unsere Gesellschaft wider, die stets geradeheraus und direkt zur Sache kommt, sodass feinere Nuancen nicht mehr berücksichtigt werden.

»Wie wir unsere Produkte vermarkten, zeigt uns, wie sich unser Blick auf das Menschsein im Lauf der Jahre verändert hat«, erklärte ich Harry. »Die subtilen Feinheiten und die Vielschichtigkeit unserer Beziehungen kümmern uns nicht mehr. Wir betrachten den anderen als Mittel zum Zweck, als jemanden, der uns nützlich sein muss. Dementsprechend sind unsere Interaktionen von dieser Absicht motiviert – eben genauso wie bei unserem Verhältnis zu Produkten.«

Harrys Gesichtsausdruck war nun eine Mischung aus neugierigem Interesse und der Frage: »Worauf wollen Sie hinaus?«

»Wir leben in einer schnelllebigen Welt der Instantlösungen. Unser Essen können wir in der Mikrowelle sofort warm machen. Filme können wir streamen und ansehen, wann immer wir wollen. Tickets können wir überall über unser Smartphone buchen. Sofortige Reiseplanung! Kein Problem. Aber leider funktionieren unsere Beziehungen nicht auf diese Weise. Sie folgen demselben Prinzip wie ein Samen, der in die Erde gepflanzt wird: Ausdauer und eine behutsame Pflege sind erforderlich, damit eines Tages eine blühende Pflanze daraus wird. Es gibt keine Abkürzung. Alles steht und fällt mit der Geduld und unseren kleinen, aber beständigen Gesten. Und die Fähigkeit, die zwar am meisten unterschätzt wird, uns aber helfen kann, unsere Beziehungen zu verbessern, ist Vergebung.«

»Wenn es nur so einfach wäre, jemandem zu vergeben, wie den Sender im Fernsehen zu wechseln«, sagte Harry. »Da ist immer ein Teil von mir, der es nicht vergessen kann, wenn mir jemand etwas Übles angetan hat. Nach einer Weile fällt es schwer, solchen Menschen noch zu vertrauen.«

»Vergebung lässt sich nur schwer theoretisch erklären. Es ist ein bisschen wie mit dem Salz: Man kennt es erst, wenn es fehlt!« Ich lachte. Harrys Reaktion nach zu urteilen war der Vergleich aber wohl doch nicht so amüsant, wie ich gehofft hatte. »Vergebung wärmt das Herz und kühlt den stechenden Schmerz. Wir alle müssen selbst die Entscheidung treffen zu verzeihen, um unsere Beziehungen zu retten und innerlich im Frieden zu sein. Dabei sollten wir jedoch ein paar Punkte nicht vergessen.«

Die Situation in ihrem Kontext verstehen

Die alten Geschichten des Ostens sind nicht nur spannend zu lesen, sondern sie enthalten auch praktische ethische Lehren. Tatsächlich basieren die meisten Prinzipien, die ich in meinem Leben angewandt habe, entweder auf diesen heiligen Texten oder auf den Erfahrungen von Menschen, die sich im Alltag nach diesen Lehren richten. Ein solcher Text ist das *Ramayana*. Er erzählt die Geschichte von Prinz Rama, der wegen der eigennützigen politischen Beweggründe seiner Stiefmutter Kaikeyi vierzehn Jahre lang in einen fernen Wald verbannt wurde. Er ging jedoch nicht allein. Seine liebe Frau Sita und sein treuer Bruder Laxman folgten ihm bereitwillig, als er den Thron aufgab.

Eines Tages, einige Jahre nach ihrem Aufbruch, erblickte Sita einen ungewöhnlichen strahlend goldenen Hirsch, der herumtollte. Bezaubert von seiner Schönheit bat sie Rama inständig, ihn für sie einzufangen. Bereitwillig zog Rama los, um ihn zu fangen, gab Laxman aber strenge Anweisungen, wie er Sita in seiner Abwesenheit schützen solle, denn man kann nie wissen, was zwischen den Bäumen lauert!

In dem Moment hallte es durch den Wald: »Sita, hilf mir!« Dann wurde die Stimme wieder von der Stille des Waldes verschluckt. »Laxman, bitte, so hilf mir doch jemand!«, rief die Stimme erneut. Laxman und Sita blickten beide verwirrt. Intuitiv kam es zu einem telepathischen Austausch zwischen ihnen: »Das klingt zwar nach Ramas Stimme, aber so hat er noch nie zuvor um Hilfe gerufen.« Sie wussten nicht, dass der goldene Hirsch, den Rama jagte, der Dämon Maricha in Verwandlung war. Könnte der tapfere Krieger Rama wirklich in Schwierigkeiten sein?

»Laxman, geh und rette ihn. Du musst deinem Bruder helfen«, befahl Sita Laxman, aber ohne Erfolg. Er wusste, dass Rama gut zurechtkam – er hatte gerade Tausende von Dämonen im Wald besiegt, ohne ins Schwitzen zu kommen. Was könnte ein Hirsch schon groß ausrichten, um ihn zu verletzen? »Es ist deine Pflicht zu gehen!« Sita geriet in Panik. Allein der Gedanke, dass der geliebte Mensch in Gefahr ist, kann im anderen einen Gefühlsaufruhr verursachen.

»Mein Bruder kann sich schützen«, erwiderte Laxman und blickte in die Dunkelheit, während Schlangen vorbeiglitten und verschiedene geflügelte Wesen über ihnen dahinflogen. »Aber du nicht. Es ist meine Pflicht, dich zu beschützen. Rama würde mir nie verzeihen, wenn ich dich hierließe, hilflos allem ausgeliefert, was in der Dunkelheit auf der Lauer liegt.«

Diejenigen, die diese Geschichte kennen, wissen, welche Gefahren in der Dunkelheit lauerten. Laxman ging auf und ab wie eine Palastwache. Aber das hier war kein Palast – es war eine Strohhütte, zusammengehalten von feuchtem Lehm. In einen solchen Ort hätte jeder eindringen können.

»Wir sind mitten im Nirgendwo«, wandte Sita ein. »Ich fordere dich auf, ich befehle dir, ich flehe dich an: Geh und rette deinen Bruder! Ich habe das Gefühl, dass er wirklich in Gefahr ist.« Sich auf den eigenen Rang zu berufen gilt gemeinhin als letzte Zuflucht in einem Streit, doch in Verzweiflung sagen Menschen alles. Einige Minuten verstrichen in Schweigen.

»Zu Hilfe! Hilft mir denn keiner!« Ein weiterer Schrei aus der Entfernung.

»Das ist dein Bruder, der da um Hilfe ruft! Wie kannst du nur tatenlos hierbleiben?«, schrie Sita. »Ach so, jetzt verstehe ich: Du meinst, wenn Rama weg ist, könntest du mich für dich haben! Du willst das Königreich ganz für dich allein.« Sita wusste, dass das nicht stimmte und dass Laxman alles für Rama getan hätte, aber sie wollte, dass er reagierte. Laxman ließ traurig den Kopf hängen und heftete den Blick auf den Sand zu seinen Füßen. Was für eine Anschuldigung von einem Menschen, dem zu dienen er sein Leben geweiht hatte. Es brach ihm das Herz.

»Bitte geh, und rette deinen Bruder«, bat Sita erneut, diesmal sanfter.

Laxman vergewisserte sich, dass seine Schwägerin in Sicherheit war, und lief dann in den Wald, um Rama zu suchen.

Anhand dieser Episode lässt sich der Zusammenhang mit Vergebung besonders gut veranschaulichen. Sita hatte das Herz Laxmans mit den Pfeilen ihrer harten Worte durchbohrt und verletzt. Und was uns selbst betrifft, so verhalten wir uns im Alltag sowohl wie Sita als auch wie Laxman: Manchmal sind wir diejenigen, die den Bogen spannen, manchmal diejenigen, auf die geschossen wird. Es ist jedoch wichtig, auf eine unvoreingenommene Perspektive zu achten.

Was Sita sagte, entsprach nicht den Tatsachen, und es war rücksichtslos von ihr, solche Anschuldigungen gegen ihren Schwager zu erheben. Wenn wir jedoch die Situation aus einer umfassenderen Perspektive sehen, also hinter den äußeren Anschein dessen blicken, *was* gesagt wurde, dann verstehen wir vielleicht, *warum* es gesagt wurde. Sita war innerlich aufgewühlt. Ihre Gefühle gerieten in Aufruhr, als sie spekulierte, welchen Schmerzen ihr geliebter Mann vielleicht ausgesetzt war. Wir alle haben schon einmal eine Situation erlebt, in der unser Verstand von Gefühlen vernebelt wurde. In solchen Momenten sagen wir alles Mögliche, nur um »Dampf abzulassen« und dadurch ruhiger zu werden. Obwohl uns bei einem Wutanfall ein einziger Moment der Geduld unter Umständen später tausend Momente der Reue erspart, können wir oft nicht anders: Unser Geist läuft Amok – und zwar normalerweise gerade dann, wenn wir in einer sehr leidvollen Situation sind. Darum sollten wir, um persönlich zu wachsen, in einer schwierigen Situation Gleichmut bewahren. Wenn uns jemand verletzt, sollten wir versuchen, die Situation aus einer umfassenderen Perspektive zu sehen, und uns fragen: »Was hat er? Geht es ihm nicht gut? Welche Gefühle bringen ihn dazu, so etwas zu sagen? Läuft in seinem Leben etwas aus dem Ruder?« Es geht nicht darum, verletzende Äußerungen anderer gutzuheißen; vielmehr gilt es zu sehen, was unser Gegenüber gerade durchmacht und welche Motivation hinter den verletzenden Bemerkungen steht. Das ist Empathie, ein wesentlicher Bestandteil der Vergebung.

Den Vorfall und die Person getrennt sehen

Manch einer sagt: »Stockhiebe schmerzen, Steinwürfe auch, Worte, so heißt es, sind Schall nur und Rauch.« Nichts könnte jedoch weiter von der Wahrheit entfernt sein! Die Werkzeuge körperlicher Gewalt sind Waffen, die der emotionalen Gewalt sind Worte. Worte können unsichtbare Narben hinterlassen, deren Heilung Jahre oder sogar mehrere Leben dauern kann.

Begeben wir uns noch einmal in die Himalaja-Ausläufer

Nepals und betrachten den Vorfall, als mein Freund vor Gemeindemitgliedern grob zu mir war: Ich sollte in die Ukraine fliegen, um die dortige Bhakti-Gesellschaft zu inspirieren und zu unterstützen, aber mein Pass war in der ukrainischen Botschaft in Neu-Delhi. Die verbalen Attacken meines Freundes hatten mich gedemütigt, und ich war verzweifelt in mein Zimmer zurückgekehrt.

Ausschlaggebend hier ist das, was anschließend in meinem Zimmer geschah: Ich konnte von Wut zu Vergebung übergehen, weil ich auf den Gedanken kam, das Vorgefallene von der Person zu trennen. Natürlich muss ich darauf hinweisen, dass dieses Prinzip nicht in allen Situationen anwendbar ist – insbesondere nicht im Zusammenhang mit sozialer Gerechtigkeit, worauf ich später noch eingehen werde –, doch im persönlichen Umgang miteinander wirkt es meistens Wunder.

Wenn ich bei etwas scheitere, sei es eine Prüfung oder eine Beziehung, halte ich mich vielleicht für einen Versager. Aber machen ein oder zwei Fehlschläge in meinem Leben mich wirklich *insgesamt* zu einem Nichtsnutz? Sollen wir dementsprechend jemanden als Feind behandeln, nur weil er uns ausnahmsweise einmal enttäuscht hat? Sollten wir sein Fehlverhalten nicht vielmehr als vereinzelten Ausrutscher sehen? Jeder Mensch muss sich mit Schwierigkeiten auseinandersetzen, die den Augen der Öffentlichkeit nicht zugänglich sind, und nur mit einem mitfühlenden Blick sind wir in der Lage, das zu sehen.

Das bedeutet nicht, dass wir Beleidigungen und Übergriffe tolerieren oder jemanden, der etwas Unrechtes sagt oder tut, nicht korrigieren sollten – das wäre nicht sinnvoll. Um Vergebung zu praktizieren, müssen wir jedoch lernen, Vorfall und Person zu trennen. Die Person vom Problem abzukoppeln beginnt schon bei der Sprache, mit der wir den Vorfall beschreiben:

→ Wenn wir sagen: »Es liegt an *mir*«, ruft das Schuldgefühle in uns hervor, und vielleicht entwickeln wir mit der Zeit sogar Minderwertigkeitskomplexe. Dann denken wir vielleicht, wir seien nicht stark oder durchsetzungsfähig genug, um mit einer solchen Situation fertigzuwerden, und sind bei Problemen bedrückt.
→ Wenn wir sagen: »Es liegt an *dir*«, ruft das Wut in uns hervor. Wie oft haben wir schon mit dem Finger auf jemanden gewiesen mit den Worten »*Du* bist das Problem, nicht ich«? Ich habe noch nie gesehen, dass jemand so etwas in einer friedlichen Gemütsverfassung sagt. Anderen die Schuld zuzuweisen führt nur zu einer Spirale der Wut.
→ Mit der Formulierung »Es liegt *daran*« wird das Problem von den Beteiligten abgekoppelt. Das versetzt uns nicht nur in die Lage, der Person zu vergeben, sondern es hilft uns auch, das Problem effektiv zu lösen.

Das höhere Ziel

Nachdem das Grundgerüst für Vergebung nun errichtet war, hatte ich das Gefühl, dass Harry bereit war, die versprochene Geschichte zu hören. Nach meinem Empfinden war das Paar in der Geschichte in einer viel schlimmeren Situation als Harry und Lalita. Es ist jedoch schwierig, persönliches Leid zu vergleichen, deshalb vermeide ich das. Wie so oft ereignete sich auch der Vorfall, auf dem diese Geschichte basiert, bei einer meiner Reisen.

Ich reise so häufig, dass ich manchmal morgens einen Vortrag in Chennai – ehemals Madras – halte und abends in Kalkutta spreche. An einem Tag bin ich in Kalifornien und am nächsten in Kapstadt. Darum ist es nur natürlich, dass ich mich vielen verschiedenen Gemeinschaften verbunden fühle und verschiedensten Menschen aus aller Welt begegne. In einer solchen Gemeinschaft, die ich auf meinen Reisen häufig besuche, hier aber zum Schutz aller Beteiligten nicht namentlich nenne, beginnt meine Geschichte.

Ich hatte gerade fertig ausgepackt. In diesem Zimmer würde ich eine Woche bleiben, was für mich ein ganzes Zeitalter war. Normalerweise lebe ich aus dem Koffer, weil ich, wie ein Hirte, immer auf der Suche nach neuen Weidegründen bin, um meine Botschaft der Positivität zu verbreiten. Gerade wollte ich mich mit gekreuzten Beinen hinsetzen und mit der Abendmeditation beginnen, als ein Mann weinend in mein Zimmer platzte; seine Tränen tropften auf den Holzboden. Aufgeschreckt angesichts seiner überbordenden Gefühle schoss ich sofort wieder in die Höhe, sodass meine Knie knackten.

»Sie betrügt mich!«, rief er aus. Ich schloss die Zimmertür und die Jalousien. Mein Bauchgefühl sagte mir, etwas Kräutertee täte ihm bestimmt gut, und so schenkte ich ihm welchen ein. Meine Mutter pflegte zu sagen, wenn jemand durcheinander und aufgewühlt ist, dann helfen ein warmer Kräutertee und die Worte eines Freundes, damit es ihm wieder besser geht. Der Besucher setzte sich zu mir auf den Boden. »Sie betrügt mich …«, wiederholte er zwischen den Schlucken seines Tees.

Seit über zwanzig Jahren war ich mit diesem Mann befreundet. Ich hatte sogar an einer Veranstaltung teilgenommen, die Teil seiner Hochzeitszeremonie war, habe seine Familie durch die Höhen und Tiefen des Lebens hindurch beraten, aber nie hätte ich erwartet, dass er mir jemals so etwas sagen würde. Er war Ingenieur, hatte einen siebzehnjährigen Sohn, der in die Fußstapfen seines Vaters treten sollte, und lebte in einer Dreizimmerwohnung – ein ganz normaler Mann mit einem ganz normalen Job, der in diese ganz und gar nicht normale Situation geraten war.

»Was ist passiert?«, fragte ich, während ich seine Hände hielt. Seine verweinten Augen, flimmernd wie Luft in der Hitze, blickten in meine.

»Gestern habe ich im Handy meiner Frau nach der Adresse einer Hochzeitsfeier gesucht, zu der wir abends gehen wollten, und bin dabei auf mehrere Nachrichten von einem Mann gestoßen.« Er nannte den Namen des Mannes. Er war ein hochrangiges Mitglied ihrer Gemeinschaft, und er hatte eine wichtige Führungsposition inne. »Zuerst dachte ich mir nichts weiter dabei; er kontaktiert viele Mitglieder und lädt sie ein, mit ihm zu arbeiten. Aber als ich nach unten scrollte und die Nachrichten durchsah … Die waren nicht ›unschuldig‹! Ich kann dir gegenüber noch nicht mal wiederholen, was ich gelesen habe. Und ihre Antworten waren ähnlich.« Seine Tränen tropften in den Tee, der nun bestimmt lauwarm war. Mit zitternder Oberlippe sagte er: »In dem Moment kam meine Frau herein und sah mich mit ihrem Handy. Als sie meinen Blick bemerkte, war ihr offensichtlich sofort klar, dass ich Bescheid wusste.

›Was hat das hier zu bedeuten?‹ Ohne Umschweife habe ich sie direkt darauf angesprochen. Ich hatte beschlossen, darüber zu reden und zu klären, was vor sich ging, ohne voreilige Schlüsse zu ziehen. Meine Frau hielt einen Moment inne und kam dann zu mir. ›Seit einigen Wochen schicke ich ihm jetzt schon Nachrichten. Es tut mir leid; ich weiß nicht, was über mich gekommen ist. Es fing ganz unschuldig an, er brauchte Hilfe bei einer bestimmten Arbeit. Aber dann wurde mehr daraus‹, erklärte sie.«

Eine sehr bewundernswerte Eigenschaft seiner Frau ist die, dass sie immer bodenständig und ehrlich war.

Er erzählte weiter: »Ich fragte sie: ›Habt ihr euch getroffen und …?‹, aber sie unterbrach mich und sagte: ›Nein, natürlich nicht. Wir haben uns nicht getroffen.‹«

Das bedeutete, dass die beiden keine physische Beziehung gehabt hatten. Trotzdem war für mich klar erkennbar, dass dieser Vorfall dem Mann eine emotionale Wunde hinterlassen hatte. Manchmal werden uns die tiefsten Verletzungen von Menschen zugefügt, die uns am nächsten stehen. Wie konnte er ihr nach alldem vertrauen? Wie konnte er ihr danach verzeihen? Hatte sie so etwas vorher schon getan? Ich konnte sehen, dass ihn solche Gedanken quälten.

Ich kannte auch den Mann, mit dem sie diesen Austausch gehabt hatte. Nach diesem Vorfall forderte man ihn auf, von seiner Position zurückzutreten, denn ein Leiter muss nicht nur den Weg für eine Gemeinschaft ebnen, er muss ihn auch selbst gehen. Auch er bestätigte, dass er keine körperliche Beziehung zur Frau meines Besuchers gehabt hatte.

»Was soll ich in dieser Situation tun?«, fragte mich der Mann. Ich goss ihm eine zweite Tasse Kräutertee ein. »Wie kann ich meiner Frau wieder vertrauen?«

»Schon wieder diese gefährliche Frage: ›Was soll ich tun?‹«, dachte ich. Ich bin niemandes Guru. Jeder muss seine eigenen Entscheidungen treffen. Niemand sollte uns *sagen* oder *vorschreiben*, was wir tun sollen, aber ein guter Rat hilft uns sehr bei unserem persönlichen Wachstum. Während ich mir dies vergegenwärtigte, fragte ich: »Liebst du deine Frau?«

»Ohne jeden Zweifel«, antwortete er.

»Das solltest du bei jeder Entscheidung im Sinn behalten. Aber im Moment hast du nur zwei Möglichkeiten.« Er beruhigte sich ein wenig. »Willst du dich für Recht und Gerechtigkeit entscheiden oder für Vergebung? Beides ist in Ordnung, aber du musst die Wahl treffen – Gerechtigkeit zu verlangen kann dich deine Ehe kosten; diese Information kann an die Öffentlichkeit gelangen und das Leben vieler Menschen ruinieren. Das ist, wie gesagt, legitim, falls Recht und Gerechtigkeit das ist, was du brauchst. Jeder Mensch hat eine jeweils eigene Schwelle für das, was für ihn noch akzeptabel ist und was nicht.«

Er begann, sich auf seine Prioritäten zu konzentrieren. »Ich kann sie nicht verlassen. Wir haben einen siebzehnjährigen Sohn, der verzweifelt wäre. So etwas ist in unserer Familie noch nie passiert. Ich bin wirklich traurig, weil ich dachte, unsere Verbundenheit wäre stärker ...«

»Dann solltest du ihr verzeihen. Vielleicht ist es nur den Umständen geschuldet. Bist du bereit, ihr noch eine Chance zu geben?«

»Wie kann ich ihr verzeihen? Jedes Mal, wenn ich sie sehe, werde ich immer nur daran denken, was sie mir angetan hat«, sagte er.

»Vergebung bedeutet, das höhere Ziel im Auge zu behalten. Hast du mir bei meinem Besuch im letzten Jahr nicht erzählt, dass sie deinem Sohn eine sehr gute Mutter ist und ihn mit sehr viel Zuneigung, Hingabe und Liebe behandelt? Konzentrier dich auf das höhere Ziel, das euch zusammengeführt hat. Es wäre niederschmetternd für deinen Sohn, wenn du dich jetzt scheiden ließest. Außerdem: Wenn deine Frau bereit ist, sich zu ändern, solltest du der Vergebung eine Chance geben. Obwohl Untreue am schwersten zu verzeihen ist, kann sie doch gegen eine Beziehung, die sich auf ein höheres Ziel gründet, nichts ausrichten. Wollen wir recht haben oder uns für ein höheres Ziel wieder vertragen?«

»Ich brauche Zeit, um diese Entscheidung zu treffen«, sagte er.

Ich goss ihm eine dritte Tasse ein. »Aller guten Dinge sind drei!«, dachte ich.

»Nimm dir so viel Zeit, wie du brauchst. Die Zeit heilt alle Wunden, und mit der richtigen Begleitung und Anleitung bringt sie auch Klarheit. In schwierigen Zeiten werden Beziehungen auf die Probe gestellt. Jemanden zu akzeptieren, wenn alles gut läuft, ist leicht. Wenn dagegen alles auseinanderfällt und man dennoch zusammenhält, dann ist das eine bestandene Prüfung für die Beziehung. Liebe ist, wenn wir zwar jeden Grund haben, uns zu trennen, es aber trotzdem nicht tun.«

Wir sprachen eine Weile über das Thema, bevor ich ihm ein weiteres Konzept vorstellte: den Unterschied zwischen Vergebung und Gerechtigkeit.

Recht und Gerechtigkeit

Einige spirituelle Führer würden uns raten, anderen stets zu vergeben, unabhängig von der Situation. Obwohl das zunächst nach dem friedlichsten Ansatz klingt, kann es am Ende mehr Schaden anrichten als Nutzen stiften.

Sexuelle Gewalt ist auf der ganzen Welt seit Langem ein gravierendes, weitverbreitetes Problem, und die Täter bleiben manchmal sogar ungestraft. Ich erinnere mich, dass ich im Dezember 2012 entsetzt Berichte über eine 23-Jährige las, die in Neu-Delhi mehrere Stunden lang von sechs jungen Männern brutal vergewaltigt und dann einfach irgendwo liegen gelassen worden war. In den Tagen nach dem Angriff gingen Zeitungsberichte darauf ein, wie grausam die Vergewaltigung gewesen war. Die junge Frau überlebte nicht. Es war ein Vorfall, der die gesamte Nation schockierte und auch dazu führte, dass die Behandlung von Frauen in Indien weltweit verurteilt wurde. Es überraschte mich nicht, dass Proteste im ganzen Land stattfanden. Die Protestierenden forderten Gerechtigkeit für die junge Frau und eine Gesetzesreform zum besseren Schutz von Frauen.

Die Frage ist: Hätten wir den Männern verzeihen sollen, die die 23-jährige Physiotherapeutin vergewaltigt haben? Im alten Klassiker *Bhagavad Gita* fragt Arjuna Sri Krishna in einem ähnlichen Vergebungsdilemma: In Hastinapur, dem heutigen Neu-Delhi, war Krieg ausgebrochen. Arjunas Cousins hatten Tyrannei und Unmoral über das Königreich gebracht, und nach monatelangen Friedensverhandlungen blieb als einzige Lösung nur noch der Krieg. Das geschah vor fünftausend Jahren. Es gab Verhaltenskodizes, die gewissenhaft befolgt wurden; so wurde der Krieg nur zwischen Armeen geführt, nicht zwischen Zivilisten.

Im Verlauf der gesamten *Bhagavad Gita* versucht Arjuna, Sri Krishna davon zu überzeugen, dass es das Beste sei, nicht zu kämpfen. Er ist ein Pazifist. Warum sich am Blutvergießen beteiligen, wenn ein Rückzug möglich ist? Es sei doch gewiss besser, denjenigen, die derartige Verfehlungen begehen, zu vergeben, argumentiert Arjuna. Doch Sri Krishna stimmt seinem Cousin absolut nicht zu und erklärt die Weisheit der Gerechtigkeit in einer Gesellschaft.

Auf der persönlichen Ebene können wir denen, die uns verletzt haben, vergeben. Das ist eine individuelle Entscheidung, die uns allen offensteht. Auf gesellschaftlicher Ebene hat es jedoch unter Umständen katastrophale Auswirkungen, wenn solche abscheulichen Verbrechen ungestraft bleiben. Die gesellschaftlichen Folgen, die sich daraus ergeben, dass diejenigen, die gegen das Gesetz verstoßen, einfach so davonkommen, sind verheerend. Deshalb redete Sri Krishna Arjuna zu, seinen Bogen aufzunehmen, denn in diesem Fall war Kämpfen das Richtige.

Dementsprechend sollten die Männer, die sich des kriminellen Akts der Vergewaltigung schuldig gemacht haben, mit der vollen Kraft von Recht und Gesetz konfrontiert werden, denn Lockerheit im Namen der Vergebung trägt nicht das Geringste dazu bei, dass eine Gesellschaft sich weiterentwickelt. Können Sie sich vorstellen, welche Botschaft vermittelt würde, wenn diese Kriminellen nicht inhaftiert und bestraft würden? Das Prinzip der Vergebung und das Prinzip der gesellschaftlichen Gerechtigkeit gehen Hand in Hand; es bedarf der Weisheit und der Selbstbeobachtung, um zu erkennen, wie sie eingesetzt werden sollen.

Die letzten Minuten mit Harry waren intensiv gewesen. Das Konzept der Vergebung ist bei Weitem keine leichte Kost. Es ist kompliziert und schwer zu verstehen, aber ich sah, dass er versuchte, es anzunehmen. Ich erklärte: »Das Thema Beziehungen hat spirituelle Wurzeln. Wenn wir verstehen, wie wir auf der spirituellen Ebene mit Menschen in Beziehung treten können, dann können wir die Unterschiede überwinden, die uns spalten.«

Zusammenfassung

→ Vergebung ist ein tiefgründiger Wert, der oft nicht klar zu durchschauen ist.
→ Folgende Prinzipien, die die Vergebung betreffen, sollten wir kennen:
- *Die Situation in ihrem Kontext erkennen:* Wenn jemandes Worte Sie verletzen, versuchen Sie zu verstehen, warum die Person sich so geäußert hat. Wenn Menschen sich uns gegenüber grob verhalten, leiden sie meistens selbst auch. Das zu erkennen ist Empathie.
- *Den Vorfall von der Person trennen:* Anstatt Schuldgefühle zu haben, indem wir sagen: »Ich habe unrecht«, oder in Zorn zu geraten und zu sagen: »Du hast unrecht«, sollten wir das *Ich* oder das *Du* vom Unrecht abkoppeln und uns mit dem Unrecht selbst befassen.
- *Das höhere Ziel:* Können wir vergeben, indem wir uns auf ein höheres Prinzip berufen? So hat beispielsweise der Mann in meiner Geschichte seiner Frau vergeben, weil er sie liebte und sie beide eine Verpflichtung gegenüber ihrer Gemeinschaft und ihrem Sohn hatten. Wenn dieser Ansatz gewählt wird, erfordert er Unterstützung und Zeit – er lässt sich nicht über Nacht realisieren.
- *Gerechtigkeit:* Auf der persönlichen Ebene können wir der Person verzeihen, die uns Unrecht getan hat; auf der Ebene der Gesellschaft hingegen

sollten Recht und Gerechtigkeit streng gehandhabt werden, um eine geordnete Gesellschaft zu schaffen. Niemandem sollte es gelingen, das Gesetz zu brechen und im Namen der Vergebung damit durchzukommen.

Hinweis: Als Hilfestellung zur Reflexion, wenn Sie jemandem in Ihrem Leben vergeben wollen, können Sie die Übungen in Anhang 1 (Arbeitsblatt Vergebung) machen.

··· 12 ···
Mit wem umgeben wir uns?

Unsere Beziehungen sind stärker,
wenn sie eine spirituelle Komponente enthalten.
Es gibt drei verschiedene Möglichkeiten,
mit jemandem Freundschaft zu schließen.

»Die Wahrheit ist:
Ich werde nie alles wissen, was es über dich
zu wissen gibt, ebenso wie du nie alles wissen wirst,
was es über mich zu wissen gibt.
Menschen sind von Natur aus zu kompliziert,
als dass man sie vollständig verstehen könnte.
Wir können uns also entscheiden, ob wir unseren
Mitmenschen mit Misstrauen begegnen wollen
oder aber aufgeschlossen, mit einem Schuss Optimismus
und großer Offenheit.«

TOM HANKS

Ein Leben ohne Beziehungen ist nur schwer vorstellbar. Das Prinzip, auf dem Beziehungen beruhen, ist universal und lenkt unser Leben. Was wäre das Leben ohne die anderen, mit denen wir es teilen? Darum müssen wir lernen, wie wir den richtigen Umgang pflegen. Obwohl diese Fähigkeit selten in der Schule gelehrt wird, ist sie seit Jahrtausenden in alten spirituellen Texten dokumentiert. Die Menschen, mit denen wir zusammen sind, im Sanskrit »Sanga« genannt, sind entscheidend für unseren Erfolg – in dieser Welt und darüber hinaus.

»Sag mir, mit wem du umgehst, und ich sage dir, wer du bist«, heißt es in einem Sprichwort. Es gibt eine amüsante Geschichte über die Wirkung des Kontakts mit anderen; sie spielt in der Zeit vor dem Industriezeitalter: Eines Morgens ging ein Dorfbewohner nach draußen, um seine Notdurft zu verrichten, denn in Indien gab es damals keine Toiletten im Haus. Als er fertig war, erhob er sich, zog seinen Dhoti an, wandte sich um und betrachtete seinen Haufen. »Ekelhaft! Ich bin doch so gut aussehend und attraktiv. Ich kann einfach nicht glauben, dass etwas so Widerwärtiges, Ekliges von mir kommt«, sagte er. Zu seiner Überraschung antwortete ihm der Haufen und sagte: »Du nennst mich widerwärtig? Gestern noch war ich ein köstliches Samosa. Sieh nur, was ein paar Stunden in deiner Gesellschaft aus mir gemacht haben!«

Unsere Kontakte können uns Auftrieb geben oder zutiefst deprimieren. Wenn ich in diesem Zusammenhang von unserem Umgang spreche, meine ich damit keine allgemeinen Begegnungen. Im Alltag haben wir alle gezwungenermaßen mit Menschen zu tun, die nicht unbedingt den besten Einfluss auf uns haben, aber dennoch müssen wir dann tun, was erforderlich ist. Solche Interaktionen sind jedoch einfach mehr oder weniger neutrale Handlungen, die uns kaum schaden. Echter Umgang – also die Menschen, mit denen wir uns wirklich umgeben – geht dagegen über einen unverbindlichen »Hallo-Austausch« hinaus; er steht im Zusammenhang damit, wie vertraut uns jemand ist.

Ein alter Text über Beziehungen beschreibt sechs Möglichkeiten des Austauschs, die Vertrautheit im persönlichen Kontakt schaffen können:

dadāti pratigṛhṇāti
guhyam ākhyāti pṛcchati
bhuṅkte bhojayate caiva
ṣaḍ-vidhaṁ prīti-lakṣaṇam

Geschenke geben und Geschenke empfangen,
sich geistig öffnen und vertrauensvoll erfragen,
Nahrung austeilen und Nahrung empfangen:
Das sind die sechs Möglichkeiten des Austauschs,
aus denen liebevolle Beziehungen entstehen.

Wir können sie in drei Prinzipien einteilen:

→ Das erste Prinzip – *dadāti pratigṛhṇāti* – bedeutet Geben und Nehmen. Vertrautheit in unserer Gemeinschaft beginnt damit, dass wir geben und empfangen. Zum Beispiel können wir jemandem erlauben, unser Auto den Tag über zu benutzen, oder die Person einladen, bei uns zu wohnen; oder wir könnten etwas an sie weitergeben, das in der heutigen Zeit auch sehr wertvoll ist: unser WLAN-Passwort. Und sie kann sich revanchieren und uns in Zukunft ebenfalls einen Gefallen tun. Wir tauschen aber unseren Besitz und unsere Hilfsmittel nicht mit jedem aus, den wir treffen. Ein solcher Austausch vollzieht sich nur mit Menschen, die uns vertraut sind oder mit denen wir vertraut sein wollen. Vertrautheit entwickelt sich durch das zusätzliche Bemühen, das wir in solche allgemeinen Interaktionen stecken.

→ Das zweite Prinzip – *bhuṅkte bhojayate caiva*, was so viel wie »gegenseitiger Austausch von Nahrung«, also Speisen miteinander zu teilen bedeutet – hebt unseren Umgang auf die nächste Ebene. »Warum kommst du nicht heute zum Mittagessen zu uns?«, können wir sagen. In Indien gibt es ein sehr beliebtes Kaffeehaus, dessen Slogan lautet »Bei einem Kaffee kann viel passieren.« Das stimmt – es passiert tatsächlich viel, wenn man Essen miteinander teilt. Wenn wir das Brot zusammen brechen, entsteht eine tiefe emotionale Verbundenheit. Unsere Vertrautheit wird – angefangen beim einfachen Teilen von Dingen bis hin zum gemeinsamen Essen – immer tiefer. Bei den Mahlzeiten und in solchen schönen Momenten offenbaren wir viel von uns selbst, und das führt uns zu Prinzip drei.

→ Das dritte Prinzip – *guhyam ākhyāti pṛcchati* – bedeutet, wir öffnen unsererseits allmählich vertrauensvoll unser Herz und hören im Gegenzug an, was uns unser Gegenüber vertrauensvoll offenbart. Wenn uns jemand sein Herz ausschüttet, verstehen wir nicht nur seinen Standpunkt, sondern werden auch unbewusst von seinen Werten und Überzeugungen beeinflusst.

Beim vertrauten Umgang geht es also um Interaktionen, die sich nicht nur auf das Notwendige beschränken; er beginnt beim Teilen von Gegenständen, geht dann über zum Teilen von Speisen und erstreckt sich bis hin zum Teilen von Gedanken, Werten und Überzeugungen.

Lassen Sie mich Ihnen nun ein Beispiel geben, wie man dazu verleitet werden kann, etwas Schädliches zu tun, wie zum Beispiel rauchen, obwohl man weiß, dass es tödlich sein kann. Nehmen wir an, ein junger Student ist zwar Nichtraucher, aber mit einem Raucher befreundet. Zunächst tun sie nur das Notwendige: Sie machen Experimente im Labor, tauschen Mitschriften untereinander aus und so weiter. So beginnt die Interaktion. Dann bewegen sie sich langsam auf der

Skala des Umgangs miteinander nach oben. Der Nichtraucher erlaubt seinem Freund, sein Fahrrad zu benutzen, um zur Vorlesung am anderen Ende der Stadt zu gelangen, und der Freund revanchiert sich, indem er ihn seinen Laptop benutzen lässt, um eine Hausaufgabe zu erledigen. Es sei darauf hingewiesen, dass dieser gegenseitige leihweise Austausch von Gegenständen kein Geschäft ist, sondern eine Hilfestellung von Freund zu Freund. Irgendwann beginnen sie, zusammen zu Mittag zu essen, was ihre Freundschaft weiter vertieft. Die beiden reden nie über das Rauchen. Wie wird also der Nichtraucher dennoch vom Raucher beeinflusst? Es geschieht unbewusst. Der nichtrauchende Freund glaubt zwar nicht unbedingt, dass es richtig ist zu rauchen, aber er lässt sich von dem Vertrauen und dem Selbstwertgefühl beeinflussen – Werte, die der andere repräsentiert. Und das Rauchen ergibt sich einfach als Folge daraus. Wenn wir also vom vertrauten Umgang miteinander sprechen, meinen wir damit, dass unbewusst Werte geteilt werden, was letztendlich unsere Lebensgewohnheiten auch zum Negativen hin beeinflussen kann.

Deshalb heißt es: »Achte auf deine Gedanken, sie werden zu Worten. Achte auf deine Worte, sie werden zu Taten. Achte auf deine Taten, sie werden zu Gewohnheiten. Achte auf deine Gewohnheiten, sie bilden deinen Charakter. Achte auf deinen Charakter, er wird zu deinem Schicksal.« Alles beginnt mit einem Gedanken.

Der Verkehr kroch im Schneckentempo durch Mumbai, aber zumindest rollten wir noch. Wir näherten uns gerade der Moschee Haji Ali Dargah, einer schönen Gebetsstätte, die in der Bucht errichtet wurde. In einiger Entfernung sah man Menschen über die Brücke huschen, die zu dem weißen

Marmorgebäude führt. Nach der Moschee kam die Haji Ali Chowk, eine Kreuzung. Wir standen zwar wirklich physisch dort, aber nach meinem Empfinden gabelte sich auch im übertragenen Sinne der Weg vor uns: Harry stand an einem Scheideweg in seinem Leben und hinterfragte die Entscheidungen, die er in seinen Beziehungen getroffen hatte. Solche Gefühle sind ganz natürlich, denn die Welt ist nun einmal so, dass sie uns immer wieder einmal verunsichert.

Unser Gespräch wurde unterbrochen, weil Harrys Handy in der Türtasche des Autos vibrierte. Er wollte sich nicht ablenken lassen und lehnte den Anruf ab, ohne nachzusehen, wer ihn angerufen hatte.

»Nehmen Sie den Anruf ruhig an«, sagte ich.

»Sind Sie sicher?«, fragte er.

Ich nickte. Er prüfte die Anrufliste.

»Oh, das war meine Frau. Nach allem, was wir besprochen haben, sollte ich sie wohl zurückrufen«, sagte er verlegen.

»Auf jeden Fall«, sagte ich und lächelte.

Er wählte, klemmte sein Handy zwischen Ohr und Schulter und legte die Hände wieder ans Lenkrad.

»Hallo? Bist du da?«, wiederholte er immer wieder.

»Hallo … bin gerade unterwegs zu … Ich bin okay … wahrscheinlich bald zu Hause … mit deiner Mutter«, wiederholte sich eine Stimme am anderen Ende laut genug, dass ich unfreiwillig mithören konnte.

»Schlechter Empfang«, sagte Harry zu mir. »Sie ist unterwegs. Ich konnte nicht verstehen, wo, aber sie ist mit meiner Mutter zusammen. Ist wahrscheinlich alles in Ordnung.«

Damals dachte ich mir nichts weiter dabei, aber wie sich herausstellte, war sie auf dem Weg zu einem sehr wichtigen Ort. Doch das sollten wir erst viel später erfahren.

»Wo waren wir stehengeblieben?« Harry wechselte das Thema. »Wir hatten darüber gesprochen, wie wir mit anderen interagieren. Ich weiß, dass ich mit meiner Frau viel zu bewältigen habe, aber der meiste Stress kommt von der Arbeit. In einem Unternehmen herrscht eine merkwürdige Dynamik. Ich muss zwar mit meinen Kollegen zusammenarbeiten, aber gleichzeitig will ich sie auch überflügeln.

»Eine Anmerkung am Rande«, sagte ich. »Ich weiß, dass Sie mehr als vierzig Stunden pro Woche bei der Arbeit verbringen, aber sagen wir, dass man in den Jahren zwischen dem zwanzigsten und dem 65. Lebensjahr durchschnittlich vierzig Stunden pro Woche arbeitet und zwei Wochen Urlaub im Jahr hat. Insgesamt hat man dann in diesem Zeitraum etwa 90 000 Stunden gearbeitet. Das ist sehr viel Zeit, also sollten wir lieber lernen, wie man sie richtig nutzt.«

Es war an der Zeit, das dritte Lebensrad zu erklären.

Zusammenfassung

→ Der Umgang mit anderen hat eine große Wirkung: Er kann uns Auftrieb geben oder schaden.
→ Bei allgemeinen Interaktionen geht es lediglich darum, das Notwendige zu tun; sie sind einfach neutral.
→ Vertraute Beziehungen entstehen durch den Austausch respektive das Teilen von Gegenständen, Speisen, Gedanken, Werten und Glaubenssystemen. Unser Lebensstil wird mehr von den Wertesystemen eines anderen Menschen beeinflusst als von seinen Gewohnheiten.

DRITTES RAD

Arbeitsleben

··· 13 ···
Verschiedene Arten der Konkurrenz

*Bei der Arbeit vergleichen wir uns
tendenziell mit anderen und
konkurrieren mit ihnen,
statt uns mit uns selbst zu vergleichen
und zu messen.*

»Es interessiert mich nicht, der reichste Mann
auf dem Friedhof zu werden.
Mir selbst vor dem Schlafengehen sagen zu können,
dass wir etwas Wunderbares vollbracht haben:
Das bedeutet mir etwas.«

STEVE JOBS

··· ···

Wir hatten gerade die Kreuzung bei Haji Ali überquert und näherten uns dem Ashram. Ich würde über zwei Stunden zu spät zu meinem Treffen kommen; das war jedoch kein Grund zur Panik, denn auf den Verkehr hatte ich schließlich keinen Einfluss. »Schauen Sie sich die Fahrer der Motorräder, Autos und Taxis an. Im Stau zu stehen kann die Leute wirklich in Rage bringen«, sagte ich über eine Kakofonie von Rufen und Flüchen der Fahrer hinweg. »Alle wollen die anderen überholen, und wenn es nicht klappt, regen sie sich auf.«

»Es ist wie an meinem Arbeitsplatz«, schaltete Harry sich ein. »Wie gesagt, ich muss freundlich zu den Leuten dort sein, denn wir müssen gemeinsam Projekte zu Ende bringen, aber andererseits herrscht eine Atmosphäre des Wettbewerbs. Wie kann ich mich von dieser Konkurrenzsituation befreien?« Er hielt einen Moment inne und dachte nach. »Eigentlich bleibt mir gar nichts anderes übrig, als mit den anderen zu konkurrieren. Wenn ich es nicht tue, erhalte ich nie die Beförderung, die ich will. Ich arbeite schließlich nicht ehrenamtlich für meine Firma, sondern muss Rechnungen bezahlen«, lachte er.

»Ich verstehe Ihr Dilemma. Dieses Thema betrifft nicht nur die Arbeitswelt. Es findet sich in allen Lebensbereichen, sei es unter Studenten, im Beruf, in Paarbeziehungen oder sogar unter Mönchen! Konkurrenz ist eine Geisteshaltung, die wir neu definieren müssen.«

Konkurrenz: Singe, wem Gesang gegeben ...

Ich erinnere mich, dass ich vor vielen Jahren, als ich im College war, an einem Vorsingen teilgenommen habe, bei dem sich entschied, ob ich bei unserer Jahresfeier mitwirken durfte. Es war zwar keine große Rolle, aber ich war von meinen Kommilitonen zur Teilnahme ermutigt worden, weil sie meinten, ich hätte eine gute Stimme. Ich ging auf die Bühne, angestrahlt von einem Scheinwerfer, und trat vor die dreiköpfige Jury, die mich bewerten sollte. Mir waren Gerüchte zu Ohren gekommen, dass ich die Rolle wahrscheinlich bekäme, war dem aber nicht weiter nachgegangen. Das Mikrofon befand sich in der Mitte der Bühne. Ich hielt es fest und sang den Bollywood-Sommerhit. Nicht vergessen, zu jener Zeit war ich noch kein Mönch! Musik aus den Lautsprechern wurde eingeblendet, und ich begann zu singen.

»Stopp, stopp, stopp!«, rief ein Professor für Ingenieurswesen, der auch zu den Juroren gehörte, und hob die Hand. »Haben Sie etwas im Hals? Trinken Sie einen Schluck Wasser, und beginnen Sie noch einmal von vorn.«

Ich war verwirrt. Mit meinem Hals war alles in Ordnung, aber ich trank sicherheitshalber trotzdem etwas Wasser. Die Musik begann erneut. Ich sang die Hälfte des Songs, aber sie stoppten mich nach der Hälfte der Zeit mit enttäuschtem Blick.

»Heute ist eben einfach nicht mein Tag«, dachte ich. Etwas entmutigt kehrte ich nach Hause zurück, bereit, mich wieder auf das Studium zu konzentrieren. Erst eine Woche später erfuhr ich, was wirklich geschehen war.

Der Toningenieur, der mein Mikrofon kontrolliert hatte, kam im Waschraum des Colleges auf mich zu und sagte: »Ich habe wirklich ein schlechtes Gewissen, dass Sie die Rolle letzte Woche nicht bekommen haben.«

»Warum denn das?«, fragte ich und spülte mir die Seife von den Händen. Ich kannte den Mann kaum.

»Na ja, derjenige, dem sie die Rolle letztendlich gegeben haben, hat mich dafür bezahlt, alles technisch so einzustellen, dass Ihr Vorsingen schrecklich klang. Ich habe schon die ganze Woche Gewissensbisse«, sagte er und senkte den Kopf.

»Was?«, rief ich entsetzt.

»Es tut mir leid. Wenn Sie wollen, kann ich es der Jury melden und sehen, ob sich noch etwas machen lässt«, sagte er unterwürfig.

»Nein, nein, es ist jetzt in Ordnung. Ich habe sowieso keine Zeit dafür. Aber danke, dass Sie es mir gesagt haben«, entgegnete ich, während ich mir die Hände mit Papiertüchern abtrocknete. Daraufhin verließ er den Waschraum.

Ich konnte es kaum glauben. Warum sollte jemand mein Vorsingen sabotieren? Es war nichts Wichtiges. Es gab weder einen finanziellen Gewinn noch sonstige Preise oder irgendwelche Boni. Da das Studium meine oberste Priorität war, beschloss ich, den Vorfall nicht mit der Jury zu besprechen und den Kerl, der die Rolle bekommen hatte, nicht damit zu konfrontieren. Nachdem ich aber die hässliche Seite seines konkurrierenden Wesens kennengelernt hatte, war ich ihm gegenüber misstrauischer.

»Was hat ihn nur dazu gebracht, so auf Konkurrenz aus zu sein?«, überlegte ich auf dem Weg zurück in den Unterrichtsraum.

Eifersucht oder Neid

Ein Grund, der mir einfiel, war der, dass er möglicherweise neidisch auf mich gewesen war. Ich definiere Eifersucht so: Wenn man anderen übelwill und so sein will wie sie – oder besser als sie –, aber diese üblen Gefühle nicht in die Tat umsetzt, dann ist es Eifersucht. Obwohl das Gefühl einen von innen auffrisst, hat man immerhin noch genügend Selbstbeherrschung, dem anderen nicht zu schaden. Wenn man dagegen entsprechend diesen Gefühlen handelt, dann wird aus Eifersucht Neid. Und Neid ist die Grundursache dafür, dass man mit anderen in einer Weise konkurriert, bei der es einem nichts ausmacht, zu weit zu gehen, um ihren Platz einzunehmen.

Unkontrollierter Ehrgeiz

Ein weiterer Grund kam mir in den Sinn: Menschen wollen oft die Besten sein, manchmal um jeden Preis. Wo es begrenzte Ressourcen und viele Interessenten gibt, ist Konkurrenz etwas ganz Natürliches. Sie findet sich in allen Lebensbereichen, von der Musik bis hin zum Sport; sogar andere Spezies sind davon betroffen. Konkurrenz ist eine Tendenz, die in fast jedem Ökosystem der Natur vorkommt.

Der Mensch ist jedoch nicht nur irgendeine Spezies. Menschen sind fähig, zusammenzuarbeiten und sich höheren Werten wie Harmonie, Loyalität und Vertrauen zu verschreiben. Doch ebenso, wie in natürlichen Ökosystemen der Wettbewerb innerhalb derselben Art größer ist, so ist auch bei den Menschen der Wettbewerb innerhalb desselben Unternehmens oder desselben Aktionsbereichs stärker ausgeprägt. Wir konkurrieren mit denjenigen, die dieselben Fähigkeiten oder Bestrebungen im Leben haben wie wir. Ingenieure konkurrieren mit anderen Ingenieuren, Musiker mit anderen Musikern und Ärzte mit anderen Ärzten. Wenn die Fähigkeiten eines anderen Menschen keinen Einfluss auf unser Leben haben, fühlen wir uns selten bedroht. Kann uns dagegen jemand übertreffen, indem er das, was wir tun wollen, noch besser macht, kommen unter Umständen die grundlegenden Tendenzen der Konkurrenz zum Tragen.

Sport

Alle Sportarten bergen ein Wettbewerbselement in sich – es macht Freude, an die eigenen Grenzen zu gehen. Wenn jedoch viel auf dem Spiel steht, können das Ansehen und die Preise, die mit dem Gewinnen einhergehen, die Ethik des »Tu dein Bestes« ganz überschatten, und manche Sportler wenden vielleicht sogar nicht ganz saubere Tricks an, um zu gewinnen. Sei es Doping, das Übertreiben von Verletzungen beim Fußball oder das Manipulieren des Balls beim Kricket, damit er beim Fliegen mehr schwingt – es ist schon vorgekommen, dass Spieler ihren hart erworbenen Ruf und sogar ihre Sportlerkarriere einfach für irgendwelche belanglosen kurzfristigen Gewinne aufs Spiel gesetzt haben.

Business

Unternehmen konkurrieren fast immer um den größten Marktanteil und darum, die Besten der Branche zu sein, es sei denn, sie haben in einem bestimmten Sektor ein Monopol. Schließlich basiert eine kapitalistische Gesellschaft auf der Prämisse, Gewinne zu steigern und mehr für sich selbst zu haben. Das ist in Ordnung, solange lediglich »normaler« Ehrgeiz die Triebfeder eines solchen Wettbewerbs ist. Überschreitet jedoch der Ehrgeiz die Grenze der Ethik und verwandelt er sich in Gier, dann kann es passieren, dass sogar renommierte Unternehmen beim Wetteifern um das größte Stück vom Kuchen in Skandale verwickelt werden.

Politik

Manchmal kann man sehen, dass Politiker Wahlen nicht auf der Grundlage persönlicher Leistungen und Verdienste führen, sondern stattdessen unentschlossenen Wählern Lügen vorsetzen, Wähler an Wahltagen von der Urne fernhalten, Gegner bedrohen oder sogar einen Kandidaten ermorden! Und die Grundursache ist unethischer Wettbewerb.

Am Arbeitsplatz

Obwohl Wettbewerb im Sport, in der Wirtschaft oder in der Politik für viele eine ferne Realität sein mag, haben sie vielleicht Politik und Konkurrenz am Arbeitsplatz selbst hautnah miterlebt. Zu klatschen und zu tratschen, hinterhältige Machenschaften zu betreiben, Lügen zu verbreiten und Kollegen absichtlich nicht in die Zusammenarbeit einzubeziehen, das alles können Formen eines ungesunden Wettbewerbs sein, um andere zu übertrumpfen.

Ich erinnere mich im Zusammenhang mit Bürointrigen an eine extreme Episode, den Fall meines Freundes Jaymin.

Jaymin arbeitete als Fotograf für ein führendes internationales Modemagazin. Am Mumbaier Standort arbeitete jeder Fotograf mit einem Team, zu dem eine Person, die für das Licht zuständig war, ein Make-up-Artist und eine Stylistin gehörten. Jaymin hatte das Gefühl, dass das Team gut zusammenarbeitete; alle trugen ihren Teil dazu bei, dass ein tolles Arbeitsergebnis dabei herauskam.

Doch dann fand er heraus, was die Stylistin vorhatte. Nach außen hin wirkte sie sehr kooperativ und freundlich, aber innerlich war sie neiderfüllt und wollte bewirken, dass er als leitender Fotograf ersetzt wurde.

Nach einigen Monaten der Zusammenarbeit fielen Jaymin nach und nach einige seltsame Verhaltensmuster auf. Stand ein Fotoshooting an, kam sie absichtlich zu spät. Wenn er die Models in eine bestimmte Richtung stylen wollte, ignorierte sie seine Bitte und kleidete sie anders. Aber das Schlimmste stand ihm noch bevor.

Neuer Tag, neues Fotoshooting. Jaymin saß an seinem Schreibtisch und bearbeitete einige Fotos, die er gerade gemacht hatte, als plötzlich ein junger Bürogehilfe hereinschneite und sagte: »Die Chefin vom Dienst möchte Sie sehen.«

»Worum geht es denn?«, fragte Jaymin.

»Das weiß ich auch nicht«, antwortete der Junge.

Es war nichts Wichtiges. Die Chefin vom Dienst wollte nur, dass Jaymin einige Papiere ausfüllte. Seltsam war jedoch, dass bei seiner Rückkehr die Dateien, die er bearbeitet hatte, gelöscht worden waren. Stundenlange Arbeit – einfach von der Festplatte verschwunden. Jaymin eilte zur IT-Abteilung, um zu versuchen, sie wiederherstellen zu lassen, doch ohne Erfolg. Die Fotos waren unwiederbringlich verloren.

Im Lauf weniger Monate verschwand Jaymins Foto-Back-up viermal auf mysteriöse Weise. Entweder brauchte er einen neuen Laptop, oder jemand hatte jedes Mal sein Passwort gehackt und sabotierte absichtlich seine Arbeit.

Er beschloss, eine Falle zu stellen, um zu sehen, wer es war. Er bat die Mitarbeiter der IT-Abteilung, eine Kamera auf seinen Laptop zu richten. Sie stimmten zu, ganz aufgeregt, weil sie gewissermaßen verdeckte Ermittler spielen durften. Nach einem großen Fotoshooting ließ Jaymin dann absichtlich seinen Laptop offen und eilte zu den Überwachungsbildschirmen des IT-Supports. Sie hatten schon Popcorn bereitgestellt und waren bereit, dem kriminellen Übeltäter das Handwerk zu legen. Es kam einer Observierung gleich. Und tatsächlich: Wenige Minuten nachdem Jaymin seinen Schreibtisch verlassen hatte, loggte sich – kaum überraschend für ihn – die Stylistin auf seinem Laptop ein und begann, seine Arbeit zu löschen. Sie hatten sie auf frischer Tat ertappt! Nun würde sie bestimmt entlassen werden.

Jaymin begab sich direkt zur Chefin vom Dienst mit einer Videoaufzeichnung des Vorgangs. Der Clou der Geschichte

Verschiedene Arten der Konkurrenz

war jedoch, dass die Chefin vom Dienst und die Stylistin sich zusammengetan hatten und beide an der Sabotage beteiligt waren. Sie wollten »beweisen«, dass er ineffizient und faul war und seine Arbeit nicht pünktlich erledigte. Beide waren eifersüchtig auf die Unabhängigkeit und die Ressourcen, die ihm der Leiter des Magazins zugestanden hatte. Jaymin genoss als Mitglied des Teams so viel Vertrauen, dass ihm das Privileg gewährt worden war, seinen Zeitplan selbst zu gestalten. Doch das rief den Neid des Duos hervor. »Warum müssen wir zu einer festen Zeit da sein, während Jaymin nach Belieben kommen und gehen kann?«, dachten sie. Beide tüftelten ein Komplott gegen ihn aus: die Chefin vom Dienst aus Frustration, weil Jaymin ihr keine Rechenschaft schuldig war und nicht auf sie zu hören brauchte, und die Stylistin, weil sie gern jemand anders mit weniger Privilegien an seiner Stelle gesehen hätte.

Beide hielten ihre falsche Geschichte – Jaymin sei unpünktlich und ineffizient – auch noch gegenüber dem Chefredakteur aufrecht. Dieser bat Jaymin zu einer Besprechung. Und obwohl Jaymin Belege dafür hatte, dass er seine Arbeit pünktlich erledigte, und den Videobeweis der Sabotage erbringen konnte, entschied er sich, nicht mehr für das Magazin zu arbeiten. Er wollte ohnehin sein eigenes Studio eröffnen und außerdem nicht gern in einer so vergifteten Umgebung arbeiten (obwohl die beiden Mitarbeiterinnen künftig nicht mehr dort beschäftigt sein würden). Der Chefredakteur bat ihn zwar, es sich noch einmal zu überlegen, aber er ließ sich nicht umstimmen.

»Wow, was für eine Geschichte. An meinem Arbeitsplatz ist es nicht so«, sagte Harry. »Zumindest nicht so extrem. So stressig meine Arbeit auch sein mag, ich habe das Gefühl, dass ich in einem guten Team arbeite.«

»Ja, Jaymins Situation war einzigartig, und die meisten erleben wahrscheinlich nichts auch nur annähernd so Schlimmes«, sagte ich.

»Niemand sollte jemals so etwas tun wie diese Kolleginnen. Aber wenn wir bei der Arbeit nicht konkurrieren, werden wir dann nicht abgehängt?«, fragte Harry etwas verwirrt.

»Keine Frage – ganz ohne Wettbewerb geht es nicht! Wenn man wachsen will, muss man konkurrieren«, antwortete ich.

Gesunder Wettbewerb

»Der einzige Unterschied besteht darin, mit wem man konkurriert«, fügte ich hinzu. »Engstirnige Menschen wollen wachsen, indem sie andere ausstechen, die im selben Bereich aktiv sind wie sie. Aufgeschlossene Menschen dagegen wachsen, indem sie sich selbst entwickeln. Sie wissen, dass niemand ihr Konkurrent ist – nur sie selbst. Jeden Tag streben sie danach, bessere Versionen ihrer selbst zu werden, auch wenn das Wachstum nur ein winziges Schrittchen ist. Sie fühlen sich unwohl, wenn sie an einem Tag noch genauso sind wie am Tag zuvor. Der Schauspieler Matthew McConaughey sprach 2014, als ihm der Oscar verliehen wurde, in seiner Rede über dieses Prinzip.«

»Ach ja! Das habe ich auf YouTube gesehen«, antwortete Harry.

Da das Auto immer noch stand, zog ich mein Handy hervor und spielte das kurze Video ab. Die Worte des amerikanischen Schauspielers hallten im Auto wider:

Und an meinen Helden. Das ist der, dem ich hinterherlaufe. Als ich fünfzehn Jahre alt war, gab es eine sehr wichtige Person in meinem Leben, die fragte mich eines Tages: »Wer ist dein Held?« Und ich antwortete: »Ich weiß nicht, da muss ich nachdenken. Gib mir ein paar Wochen.« Zwei Wochen später kam ich wieder, und die Person fragte mich ein weiteres Mal: »Wer ist dein Held?« Ich sagte: »Ich habe darüber nachgedacht. Weißt du, wer es ist? Das bin ich in zehn Jahren.« Dann wurde ich 25. Nach zehn Jahren kam dieselbe Person also wieder zu mir und fragte: »Wie ist es, bist du jetzt ein Held?« Und ich: »Nicht einmal annähernd. Nein, nein, nein.« Sie fragte: »Warum?« Ich sagte: »Weil mein Held ich selbst mit 35 bin.«

Sie sehen also: Jeden Tag, jede Woche, jeden Monat und jedes Jahr meines Lebens ist mein Held immer zehn Jahre entfernt. Ich werde nie mein Held sein. Das kann ich nie erreichen. Ich weiß, dass es so ist, und das ist in Ordnung für mich, denn dadurch habe ich immer jemanden, dem ich hinterherlaufen kann.

Als das Video endete, steckte ich mein Handy wieder ein und erklärte, was mir durch den Kopf ging: »Wir sollten diesen Gedanken der Konkurrenz mit uns selbst annehmen, statt uns Sorgen zu machen, dass andere uns überflügeln könnten. Wir sollten uns nach bestem Vermögen bemühen, unseren Traum von unserem zukünftigen Selbst wahr werden zu lassen. Eine solche Haltung hält nicht nur unseren Geist frei von Neid und Unsicherheit, sondern sie hilft uns auch, unser volles Potenzial zu entfalten. So bringt sie uns immensen Erfolg und ein tiefes Gefühl der Zufriedenheit.

Ein kleiner Junge, der traditionellen Kathak-Tanz lernte, kam regelmäßig aus dem Schritt und stolperte während des Trainings. Frustriert wandte er sich an seine Lehrerin und fragte: ›Wann kann ich endlich richtig tanzen, so wie Ihre anderen Schüler? Wann schaffe ich es, im Takt zu bleiben und jede Bewegung anmutig auszuführen?‹

Die Lehrerin antwortete: ›Wenn du damit aufhörst, beim Üben auf deine Mitschüler zu schauen. Denk daran, du stehst nicht im Wettbewerb mit ihnen. Du stehst im Wettbewerb mit dir selbst. Dein Ziel ist es, einfach besser zu sein als der, der du gestern warst, nicht besser als die anderen Jungen und Mädchen in der Klasse.‹

Ob beim Tanzen, beim Sport oder in geschäftlichen Angelegenheiten – eine solche Einstellung führt in allen Lebensbereichen dazu, dass man sich selbst übertrifft. Auch bei dem Unternehmen Apple ist erkennbar, dass diese Geisteshaltung mit im Spiel ist.

Nur jemand, der in einer Höhle irgendwo in der Wüste Gobi lebt, hat vielleicht noch nie gehört, dass Apple zu den erfolgreichsten Unternehmen der heutigen Zeit gehört. 2018 rangierte es an neunter Stelle der reichsten Unternehmen der Welt – in den vorangegangenen zehn Jahren war es mit der Einführung des beliebten iPhones auf der Liste nach oben gesprungen. Haben Sie schon einmal am Tag der Markteinführung ein iPhone in einem Apple Store gekauft? Sie werden von Hunderten Mitarbeitern begrüßt, alle in passenden Uniformen, die laut klatschen und jubeln, wenn Sie das neueste Produkt kaufen. Obwohl ich selbst noch nie dabei war, habe ich mir sagen lassen, dass es wie eine Party ist – eine regelrechte Hysterie. Aber was macht Apple eigentlich so innovativ, dass es immer wieder eine so große Anziehungskraft auf Menschen ausübt? Die Antwort liegt in der Unternehmenskultur, die von der Führung vorgegeben wird.

Der verstorbene Steve Jobs, Gründer von Apple, vertrat die Ansicht, Wettbewerb mit anderen lenke von der eigenen inneren Kreativität ab. Nicht nach Originalität zu streben hätte für Apple katastrophale Folgen gehabt.

Wenn wir uns zu sehr mit anderen vergleichen, verfallen wir in Durchschnittlichkeit. Vielleicht ahmen wir andere sogar blind nach, sodass uns dabei unser eigenes Wesen abhandenkommt. Im schlimmsten Fall werden wir langweilig! Steve Jobs war dafür bekannt, dass er bei all seinen Produkten auf die Details achtete. Er wollte die Welt verändern, nicht nur das nächstbeste Unternehmen imitieren, um seinen Aktienkurs zu erhöhen. Er wollte sich selbst voll und ganz Ausdruck verleihen und sich nicht nur nach den Ausdrucksformen anderer richten. Er wollte sich mit dem vergleichen, was er selbst in der Vergangenheit getan hatte, nicht nur mit Bill Gates!«

»Wollen Sie damit sagen, dass es immer schlecht ist, sich mit anderen zu vergleichen?«, unterbrach Harry.

»Nein«, antwortete ich. »Wenn wir tatsächlich Vergleiche mit anderen anstellen müssen, dann sollten wir positive Geisteshaltungen vergleichen. Zum Beispiel: ›Die Einstellung dieser Person, unermüdlich weiterzuarbeiten oder an ihren Fähigkeiten zu feilen, ist inspirierend. Ich will diese Einstellung ebenfalls entwickeln. Lasst mich von diesen Menschen lernen und ihnen wiederum helfen, wo immer ich kann. Lasst uns gemeinsam wachsen.‹ So denkt ein aufgeschlossener Mensch.«

»Das klingt toll. Aber wenn konkurrierende Menschen um einen herum sich in schmutzigen Machenschaften ergehen, um einen herunterzuziehen und sich selbst den Deal zu schnappen, soll man dann einfach schweigen und weiterarbeiten? Sie sehen doch selbst, was die Stylistin mit Jaymin gemacht hat«, wandte Harry ein.

»Leute, die am Arbeitsplatz schmutzige Tricks anwenden, wird es immer geben«, antwortete ich. »Das gibt es offenbar in jedem Büro, so wie die Luftfeuchtigkeit. Wo immer es Menschen gibt, findet man zwei Kategorien: diejenigen, die ehrlich arbeiten und integer sind, und diejenigen, bei denen das nicht der Fall ist. Natürlich ist das eine Verallgemeinerung. Niemand hat einen perfekten ethischen Kompass, und niemand ist moralisch völlig verdorben. Selbst wenn Sie Ihren Job aufgeben und in ein anderes Unternehmen wechseln, wird es dort auch Menschen geben, die ›Büropolitik‹ betreiben – vielleicht etwas weniger oder mehr, vielleicht mit einer anderen Ausprägung. Wir müssen jedoch lernen, einen klaren, sauberen Umgang mit schwierigen Situationen am Arbeitsplatz zu finden. In einigen Büchern erfahrener Fachleute wird das Thema des Umgangs mit solchen Arbeitsplatzintrigen sehr ausführlich erläutert. Ich empfehle Ihnen dringend, eines dieser Bücher zu lesen. Unter dem Strich ist es jedoch besser, sich nicht auf derartige Strategien am Arbeitsplatz einzulassen, sondern kontinuierlich und konsequent daran zu arbeiten, sich zu verbessern, um wirklich gut zu werden. In extremen Fällen, wie dem von Jaymin – wenn man sich also keinesfalls weiterhin dem negativen Einfluss von Chefs und Kollegen aussetzen sollte –, ist es besser, den Arbeitsplatz zu wechseln. Natürlich nur, wenn Sie auch eine andere Option haben.«

Zusammenfassung

→ Es gibt zwei Ursachen für einen ungesunden Wettbewerb: Neid oder unkontrollierten Ehrgeiz.

→ Wir konkurrieren mit Menschen, die dieselben Fähigkeiten oder Perspektiven im Leben haben wie wir. Wenn die Fähigkeiten eines anderen Menschen nichts mit unserem Leben zu tun haben, fühlen wir uns selten bedroht.

→ Wettbewerb findet sich in allen Lebensbereichen, zum Beispiel im Sport, in der Geschäftswelt, in der Politik und am Arbeitsplatz.

→ Jaymins Geschichte ist ein extremer Fall ungesunden Wettbewerbs.

→ Bei einem gesunden Wettbewerb geht es darum, mit uns selbst und nicht mit anderen zu konkurrieren, um uns kontinuierlich zu verbessern.

→ Es wird immer Intrigen und Machenschaften am Arbeitsplatz geben, aber wir sollten lernen, einen klaren Umgang damit zu finden.

··· 14 ···
Selbsterforschung

Um deine Lebensaufgabe zu finden, musst du dich auf den Weg der Selbsterforschung begeben.

»Manchmal hat der Krieger des Lichts
das Gefühl, zwei Leben zugleich zu leben ...
Es gibt eine Brücke, die das, was ich tue,
mit dem verbindet, was ich gern täte, denkt er.
Ganz allmählich siegen seine Träume über die Routine,
und am Ende begreift er, daß er bereit ist für das,
was er schon immer wollte.
Dann braucht es nur ein wenig Wagemut –
und beide Leben werden zu einem einzigen.«

Paulo Coelho

··· · ···

Harry dankte mir für die Einsichten. Offenbar wollte er das Gespräch weiterführen, denn er fragte: »Was ist Ihrer Meinung nach das Schlüsselelement, das wir brauchen, um uns selbst zu verbessern und mit uns selbst zu konkurrieren?«

»Wenn es etwas gibt, was ich für die Grundlage des persönlichen Wachstums halte, dann ist es das: Man muss erkennen, wer man ist. Sie können nur mit sich selbst konkurrieren, wenn Sie eine klare Vorstellung von Ihrem Potenzial, Ihren Fähigkeiten und natürlich von Ihren Grenzen haben«, antwortete ich.

Harry hörte mit großem Interesse zu, als ich das Konzept ausführlicher erläuterte.

Sich selbst verstehen

Wir müssen verstehen, wer wir sind, um mit uns selbst konkurrieren zu können. Welche Neigungen haben wir? Was mögen wir? Was mögen wir nicht? Wo wollen wir in Zukunft stehen? Das sind nur einige wenige Fragen, die wir im Vorfeld beantworten müssen, um erfolgreich zu sein. Und dieser Frageprozess ist der Beginn unseres Selbsterforschungsweges.

Wir wissen inzwischen, dass es unsere Beziehungen stärken kann, wenn wir schenken und Geschenke empfangen. Eine Geschichte über das Schenken, die ich sehr amüsant finde, ist die über ein Paar am Jahrestag ihrer Hochzeit. Die Frau sagte zu ihrem Mann entsprechend dem, was sie sich von ihm wünschte: »Ich habe geträumt, dass du mir eine schöne Diamanthalskette geschenkt hast. Was meinst du, was könnte das wohl bedeuten?« – »Heute Abend wirst du es erfahren«, antwortete er mit einem Lächeln. Ihre Augen strahlten voller Erwartung. An diesem Abend kam der Mann mit einem schön verpackten Geschenk nach Hause und überreichte es seiner Frau. »Könnte es das sein, wovon ich geträumt habe?«, dachte sie bei sich selbst. Erfreut öffnete sie es, nur um ein Buch mit dem Titel *Was Träume bedeuten* zu finden!

Früher habe ich mich immer gefragt, wozu man sich überhaupt so viel Mühe gibt, ein Geschenk einzupacken, mit buntem Papier, Schleifen und Bändern. Warum sollten wir der Person das Geschenk, das wir ihr als Ausdruck unserer

Liebe geben wollen, nicht einfach offen überreichen? Ich gelangte zu dem Schluss, dass bei einem nicht eingepackten Geschenk das Element der Spannung fehlt. Ein Geschenk zu verbergen erzeugt Spannung; beim Öffnen ist der oder die Beschenkte aufgeregt und freut sich. Nicht nur die beschenkte Person freut sich, sondern auch diejenige, die das Geschenk gegeben hat.

Damit vergleichbar, haben wir alle besondere Talente und Fähigkeiten. Jeder Mensch hat etwas Einzigartiges an sich. Würde Gott uns dieses Talent sofort vom Tag unserer Geburt an offenbaren, dann gäbe es keine Spannung auf unserem Weg. Gott verdeckt unsere Talente, Fähigkeiten und unser Potenzial nur, damit wir die Chance haben, sie zu *entdecken*. Und in diesem Prozess, in dessen Verlauf wir herauszufinden versuchen, was wir mit unserem Leben anfangen wollen, entsteht ein enormes Gefühl der Zufriedenheit.

Selbsterforschung ist kein einmaliges Ereignis, sondern eine kontinuierliche Entwicklung, und im Lauf des Lebens entdecken wir, wie viel wir erreichen können.

Haben Sie schon mal als Kind »Paket weitergeben« gespielt? Es eignet sich beispielsweise für Geburtstagsfeiern. Ein Schatz wird in mehrere Schichten Papier verpackt. Zwischen jeder Lage Papier befindet sich ein kleineres Geschenk oder eine Süßigkeit. Wenn die Musik beginnt, wird das Paket von Kind zu Kind weitergereicht – so lange, bis die Musik aufhört. Dann entfernt das Kind, das das Paket nun in der Hand hält, eine Lage Geschenkpapier und darf sich den kleinen Preis nehmen. Das wird so lange wiederholt, bis die letzte Papierlage erreicht ist. Das Kind, das die letzte Verpackungsschicht öffnet, ist der Sieger und erhält den Preis.

Was hat nun dieses Kinderspiel damit zu tun, sich selbst

zu verstehen? – Auch wir müssen erst mehrere Schichten auspacken, bevor wir unser wahres Potenzial entdecken können. Je tiefgehender wir uns mit der Realisierung unseres Potenzials beschäftigen, desto mehr Schichten decken wir auf, und mit jeder Schicht stoßen wir auf kleinere Geschenke, die in uns verborgen sind. Um die Erfahrung zu machen, glücklich zu sein, brauchen wir nicht abzuwarten, bis alle Schichten aufgedeckt sind und uns das große Geschenk – unser wahres Potenzial – offenbart wird. Schon der Weg dahin ist sehr aufregend und bringt tiefe Zufriedenheit mit sich. Wenn ich darüber nachdenke, fällt mir die Geschichte meines jungen Freundes Sairaj ein.

Blaubeer-Käsekuchen

An einem erstaunlich kühlen Abend in Mumbai war ich bei einer Familie, die aus dem Bundesstaat Gujarat nördlich von Bombay stammte, zum Abendessen eingeladen. Sie hatten mich monatelang gebeten zu kommen, und Gujarati-Mütter zeichnen sich im Allgemeinen durch besondere Überredungskünste aus. Also leistete ich der fünften Einladung Folge.

Beide Elternteile im Haushalt waren berufstätig: Der Vater war in einer leitenden Position bei der Standard Chartered Bank und die Mutter Professorin für Physiologie an einer medizinischen Fakultät in der Stadt. Sie waren genauso beschäftigt wie ich, aber mir fiel auf, dass sie sich immer Zeit für zwei Dinge nahmen: Spiritualität und ihren Sohn Sairaj.

Sie können sich die Vielfalt der köstlichen Gujarati-Artikel vorstellen, die bereitstanden. Von Dhokla bis Undhiyu, von Khandvi bis Shrikhand hatten sie keine Mühe gescheut. Als ich mich hinsetzte, erkundigte ich mich nach Sairaj, ihrem

Sohn, der gerade die Prüfungen der zehnten Klasse bestanden hatte.

»Er müsste gleich herunterkommen«, sagte der Vater. »Er freut sich schon darauf, Sie zu sehen.«

»Ich habe gehört, dass er bei den Prüfungen sehr gut abgeschnitten hat«, sagte ich.

»Ja, er arbeitet sehr hart«, sagte die Mutter, als sie mir seine Noten sagte. Genau in diesem Moment betrat Sairaj den Raum. Er begrüßte mich mit einer Umarmung und setzte sich neben mich an den Esstisch.

»Deine Mutter hat mir erzählt, dass du dieses Jahr fast nur Bestnoten auf dem Zeugnis hattest und in Mathematik und Naturwissenschaften außergewöhnlich gut abgeschnitten hast!«, sagte ich.

Sairaj errötete. Trotz seiner guten Schulleistungen war er bescheiden. »Vielen Dank! Ich bin schon gespannt auf das nächste Jahr«, sagte er energisch.

»Welchen Schwerpunkt hast du für das nächste Jahr gewählt?«, fragte ich, während Sairajs Vater mir noch mehr Dhokla aufnötigte.

Nach zehn Jahren Schule müssen sich indische Schüler entscheiden, ob sie Natur-, Geistes- oder Handelswissenschaften studieren möchten. In der Regel wählen sie Fächerschwerpunkte entsprechend ihren Noten. Meistens entscheiden sich Schüler mit sehr guten Noten für Ingenieurwissenschaft oder Medizin. Ich erwartete, dass auch Sairaj sich danach richten würde.

Sairaj sah seinen Vater an und senkte dann den Blick. »Ich habe *Handel* gewählt«, sagte er. Der Gesichtsausdruck seiner Eltern veränderte sich. Warum hatte er sich für Handel entschieden und nicht für die anderen Fachrichtungen, obwohl er darin doch gut abschneiden könnte? Entsprechend dem vorherrschenden System hat man mit *Handel* in Indien nicht so viele berufliche Aussichten wie mit den anderen Fachrichtungen.

»Das ist großartig«, antwortete ich nach einem Moment. Ich versuche immer, andere in ihren Entscheidungen und Träumen zu ermutigen. »Und was wirst du dann an der Universität machen?«, fragte ich.

In diesem Moment brachte Sairajs Mutter einen Blaubeer-Käsekuchen auf einer Kristallplatte herein.

»Viele wissen das nicht, aber der Blaubeer-Käsekuchen mit dem Boden aus Graham-Cracker-Krümeln, Zucker und Butter muss *eine* Stunde lang bei hoher Temperatur gebacken werden!«, erklärte Sairaj.

»Merkwürdiger Themenwechsel für einen Sechzehnjährigen«, dachte ich.

»Dann muss er noch eine weitere Stunde abkühlen, damit er fest bleibt und auf dem Teller steht«, fuhr Sairaj fort und wechselte dann zur Beschreibung der Schokoladenmousse, die im Kühlschrank fest wurde. Daraufhin ging er zu herzhaften Snacks über, wie die Dhoklas und Khandvi auf dem Tisch. Währenddessen hätten Sie die Gesichter seiner Eltern sehen sollen. Können Sie sich vorstellen, was sie sich dabei gedacht haben müssen?

»Später, wenn ich meinen Abschluss in Handel habe, möchte ich in die Gastronomie gehen«, sagte Sairaj nach einer Weile. Die Stimmung im Raum schlug erneut um, auch der Gesichtsausdruck seiner Eltern änderte sich – allerdings nicht unbedingt so, wie man erwarten würde: Er zeugte durchweg von großer Freude!

Der Vater ergriff das Wort. »Ich weiß, was Sairaj mit seinem Leben machen will, entspricht nicht den üblichen Gepflogenheiten. Ich habe ihn gefragt, ob er vielleicht eher nach seiner Mutter käme und Medizin ihm mehr liege. Er bestritt das aber und kochte und kochte immer weiter«, sagte er voller Begeisterung. »Und ich könnte nicht glücklicher sein, denn er hat seine Leidenschaft im Leben gefunden – und ich darf nach der Arbeit köstliche Desserts essen«, lachte er.

»Natürlich waren wir besorgt, dass er als Koch vielleicht nicht so viel Geld verdient«, fügte seine Mutter hinzu. »Aber er geht auf in dem, was er tut, und er ist gut darin. Indiens Wirtschaft wächst und bietet so viele Möglichkeiten für Unternehmen.« Sie schnitt mir ein Stück Käsekuchen ab, das eindeutig zu groß für meinen Magen war.

»Ich helfe ihm dann bei der Geschäftsabwicklung«, sagte sein Vater strahlend.

»Anscheinend haben Sie alles schon perfekt ausgeknobelt«, sagte ich voller Begeisterung angesichts der einzigartigen Zukunft, die vor Sairaj lag. Ich wäre nicht überrascht, wenn dieser Junge am Ende eine weltweite Restaurantkette für Gourmets eröffnete!

Nach dem Essen, auf dem Rückweg zum Ashram, dachte ich bei mir, wenn jemand sich für das entscheidet, was er gern tut, dann gibt es keinen Stress in seinem Leben. Wie es so schön heißt: »Wenn du aufgehst in dem, was du tust, wirst du nie wieder in deinem Leben arbeiten.« Dennoch gehen die meisten Menschen Tag für Tag Beschäftigungen nach, an denen sie keine Freude haben.

Ikigai

Genau wie Sairaj müssen wir alle eine Lebensaufgabe finden – das wird mit einem längeren, glücklicheren Leben in Zusammenhang gebracht. Viele psychologische Modelle können uns auf unserem Weg zu einem erfüllten Leben helfen, darunter das japanische Ikigai-Konzept.

»Ikigai« hat keine direkte englische oder deutsche Entsprechung; frei übersetzt ist es etwa als »Lebenssinn« zu verstehen oder als »das, wofür es sich zu leben lohnt«. Es kommt aus Japan, dem Land mit der höchsten Anzahl an Menschen, die ein sehr hohes Alter erreichen. Auf der Insel Okinawa liegt die durchschnittliche Lebenserwartung von Männern bei 78 und die durchschnittliche Lebenserwartung von Frauen bei 86 Jahren!

Laut Akihiro Hasegawa, einem klinischen Psychologen der Toyo Eiwa University, besteht ein Zusammenhang in der Entwicklung der beiden Wörter *gai* und *kai*, was »Muschelschale« heißt. Er sagt, dass in der Heian-Zeit (794–1185) Muscheln als äußerst wertvoll galten. Deshalb bedeutet *gai* heutzutage, frei formuliert, dass man einen Wert darin sieht zu leben.

Entsprechend diesem Konzept muss man, um eine Lebensaufgabe zu finden, vier Leitfragen beantworten, so wie Sairaj und seine Familie es unbewusst getan haben:

→ Was liebst du?
→ Was kannst du gut?
→ Was braucht die Welt von dir?
→ Womit kannst du Geld verdienen?

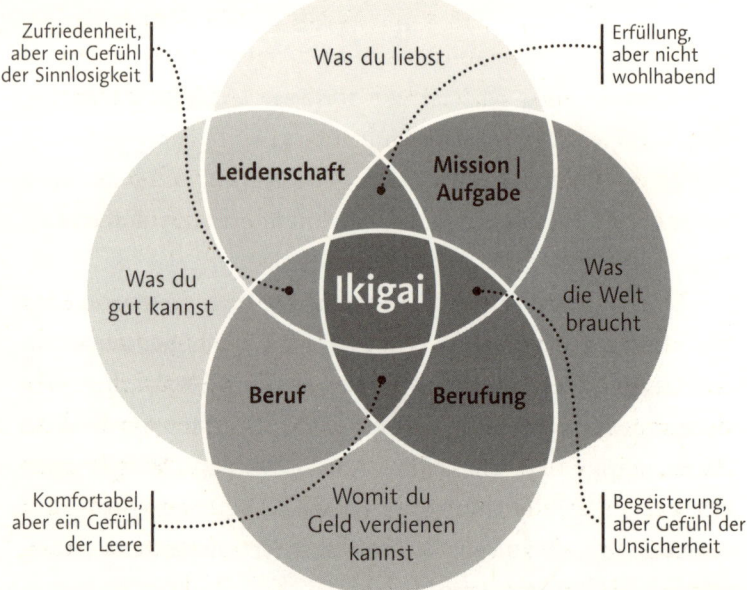

Die Balance zwischen den vier Bereichen zu finden kann der Weg zu einem Leben sein, auf das man sich freut. Nicht jeder Mensch findet einen Sinn beziehungsweise ein Ziel im Leben, das auf den ersten Blick den Lauf der Welt beeinflusst – manchmal ist es etwas so Einfaches wie Sairajs.

»Aber nicht jeder ist so jung wie Sairaj«, lachte Harry, als wir uns den vertrauteren Teilen Mumbais näherten. Wir waren gerade an einigen teuren Designerläden vorbeigefahren. »Wenn Sie einen Lebensstil haben, bei dem Sie so teure Kleidung tragen« – Harry wies auf die Schaufenster –, »dann ist es schwer, die bisherige Berufskarriere zu ändern und das zu tun, was man liebt. Irgendwann wollte ich mich mal für die Natur einsetzen und als Umweltschützer arbeiten, aber das wäre nicht gut bezahlt gewesen«, gestand er.

»Sie brauchen nicht alles aufzugeben oder drastische Veränderungen vorzunehmen, um Ihre Lebensaufgabe umzusetzen. Und sie muss auch nicht unbedingt mit Ihrer Arbeit zusammenhängen«, erwiderte ich.

»Wenn das so ist – was soll ich dann tun? Ich habe noch keine Kinder, also weiß ich, dass ich mir Zeit nehmen kann«, fügte Harry hinzu.

»Man muss sich an zwei Richtlinien halten. Erstens: Lieben Sie, was Sie tun müssen. Wir alle haben Rechnungen zu bezahlen, einen Lebensstil aufrechtzuerhalten und müssen unsere derzeitige Arbeit weiter ausüben. Für die meisten macht diese Arbeit, die sie vielleicht wenig begeistert, etwa achtzig Prozent des Lebens aus. Deshalb können wir uns genauso gut dazu entschließen, sie zu mögen! Welche Bestandteile Ihrer Arbeit lieben Sie? Konzentrieren Sie sich auf diese Teile.«

»Ich glaube, ich arbeite gern mit anderen Kollegen an Kundenprojekten«, sagte er.

»Dann versuchen Sie, sich darauf zu konzentrieren«, sagte ich. »Das Zweite ist, sich Zeit zu nehmen für das, was man gern tut. Bauen Sie nach und nach Umweltschutz und die Natur in Ihr Leben ein. Erkunden Sie Indien am Wochenende! Finden Sie heraus, welche Wälder oder Gebiete Hilfe benötigen und wie Sie am besten helfen können!«, sagte ich leidenschaftlich. Ich wusste nicht viel über Umweltschutz, aber er verstand, worum es mir ging. »Wir verschwenden tendenziell unsere Freizeit mit banalen Aktivitäten, die uns keine Befriedigung bringen: Schaufensterbummel, Essen am ewig gleichen Ort und so weiter. Doch da draußen ist eine ganze Welt, die wir erforschen können, und es gibt viele Menschen, die dasselbe empfinden. Wir müssen ein kalkuliertes Risiko eingehen, um das, was wir wirklich gern tun – unser Ikigai –, in unser Leben aufzunehmen. Vielleicht kann eines Tages das, was wir gern tun, und das, was die Rechnungen bezahlt, dasselbe sein – wenn wir wirklich an uns arbeiten!«

Zusammenfassung

→ Wir sollten uns selbst verstehen, um herauszufinden, was für uns von Bedeutung ist und wofür wir unsere Zeit aufwenden wollen. Das können wir dadurch erreichen, dass wir unsere Lebensaufgabe verstehen. Das erfordert Hingabe und Geduld.

→ Es ist faszinierend, unser Lebensziel beziehungsweise unsere Lebensaufgabe zu entdecken – vergleichbar mit dem Gefühl der Erwartung und Freude beim Auspacken eines Geschenks. Unsere Lebensaufgabe zu erreichen ist ein Weg, kein einmaliges Ereignis.

→ Die Japaner haben ein Modell namens Ikigai oder »das, wofür es sich zu leben lohnt«. Es besteht aus vier Fragen, mit denen wir uns befassen müssen: Was mögen wir? Was können wir gut? Was braucht die Welt von uns? Womit können wir Geld verdienen? All das haben Sairaj und seine Familie schon früh in seinem Leben für ihn herausgefunden.

→ Wenn wir bereits etwas älter sind und unsere Lebensaufgabe noch nicht gefunden haben, können wir dem Prinzip folgen: Liebe das, was du tun musst; tu das, was du liebst.

Hinweis: Um Ihr Ikigai leichter zu finden, können Sie in Anhang 2 (Ikigai-Arbeitsblatt) eine Übung machen.

15
Spiritualität am Arbeitsplatz

*Dieses Kapitel räumt zahlreiche
Missverständnisse in Bezug auf Spiritualität aus:
Spirituellen Menschen fehle der Ehrgeiz,
sie würden am Arbeitsplatz
aufgrund ihrer Werte übergangen,
und sie dürften nicht nach den schöneren Dingen
des Lebens streben.*

»Verdiene dein Geld mit Integrität,
gib es mit Mitgefühl aus.«

RADHANATH SWAMI

»Sie sagen mir also, ich soll meine Lebensaufgabe finden. Wie hilft mir da die Spiritualität?«, fragte Harry. Sein Telefon klingelte kurz und blieb dann ruhig. Er prüfte es und sagte: »Noch ein verpasster Anruf von meiner Frau. Ich rufe sie besser zurück ...« Er hielt sich das Telefon etwa eine Minute ans Ohr, aber auch diesmal hob niemand ab.

»Ist alles in Ordnung?«, fragte ich.

»Sie geht nicht dran, aber bestimmt ist alles in Ordnung.«

Ich antwortete auf seine erste Frage: »Spiritualität trägt dazu bei, den Geist zu ›entrümpeln‹. Diese Klarheit versetzt Sie dann in die Lage, Ihre Lebensaufgabe auf einer tieferen Ebene zu verstehen. Sie brauchen nicht wie ich ein Mönch zu werden, um Spiritualität zu praktizieren!«

»Davor hat Lalita Angst«, kicherte Harry. »Sie denkt, wenn ich mich in dieser Richtung zu sehr engagiere, werde ich mir am Ende noch den Kopf rasieren und ins Kloster gehen.«

»Wir haben sowieso keinen Platz mehr«, scherzte ich. Das stimmte wirklich – es kommen so viele zu uns, die Mönch werden wollen, dass wir manche ablehnen müssen.

»Es ist nicht nur Lalita. Die meisten glauben, dass spirituelle Praxis den Ehrgeiz mindert. Man ist dann einfach zufrieden – gelassen, wie Sie«, sagte er.

»Wirke ich zufrieden?«, fragte ich.

»Nun ja, irgendwie schon. Ich weiß, dass Sie beschäftigt sind, aber meinen Sie nicht, Sie wären ehrgeiziger gewesen, wenn Sie kein spirituell Praktizierender gewesen wären? Ich bin sicher, dass einige Ihrer Freunde inzwischen Millionäre in Amerika sind«, sagte er.

Es war eine etwas verletzende Bemerkung, doch das war ich gewohnt. Es ist eine der größten Fehlauffassungen der Spiritualität, die unter anderem auch von Sri Krishna in der *Bhagavad Gita* angesprochen wird.

»Ich möchte Sie gern noch einmal zurück auf das Schlachtfeld von Kurukshetra bringen«, sagte ich.

Macht Spiritualität den Ehrgeiz zunichte?

Inzwischen wissen wir, was Arjuna durchlebte, unmittelbar bevor er in den Krieg ziehen sollte. Ein Mensch der heutigen Zeit hätte wahrscheinlich einen Nervenzusammenbruch erlitten; die meisten von uns sind nicht militärisch ausgebildet und hätten in dieser Situation Angst vor dem Tod. Aber nicht Arjuna. Er fürchtete, seinen Großvätern, seinen Lehrern und seinen eigenen Brüdern zu schaden, die mit der Waffe in der

Hand auf der anderen Seite standen. Er hatte großes Mitgefühl – doch es war fehl am Platz. Nicht zu kämpfen hätte die Welt mit sozialer Ungerechtigkeit überflutet. Arjuna wusste das zwar, aber etwas zu wissen und wirklich zu verstehen sind zwei verschiedene Dinge. »Was nützen mir ein Königreich, ein Thron und all dieser Überfluss? Ich kann mich doch einfach in den Wald zurückziehen, ohne jemandem zu schaden«, dachte er.

Und genau darin besteht das Missverständnis in Bezug auf spirituelle Menschen: Als spirituell Praktizierender ist man angeblich *zufrieden*, wenn man das absolute Minimum erreicht. Warum Geschäftsführer eines Unternehmens werden, wenn man als gewöhnliche Arbeitskraft *zufrieden* sein kann? So entsteht der Eindruck, dass Spiritualität Ehrgeiz im Keim erstickt.

Sri Krishna ging auf dieses Thema ein, indem er Arjuna aufforderte zu kämpfen. Wenn Arjuna nicht kämpfen wollte, blieben die begrenzten neutralen Ressourcen der Welt in den Händen der skrupellosen Kauravas, die sie und die Menschen unter ihrer Herrschaft ausbeuten wollten. Und solange Menschen mit schwachem Charakter im Besitz aller Ressourcen sind, bleibt die Gesellschaft im Chaos. Das liegt daran, dass diese Ressourcen dann für destruktive, selbstverherrlichende und egoistische Zwecke verwendet werden. Wenn sie jedoch in die Hände der Rechtschaffenen gegeben werden, dann werden sie konstruktiv als Beitrag zur Gesellschaft und als Mittel zum Wohle anderer eingesetzt.

In einem Sinne sollten spirituelle Menschen sich allerdings bescheiden: Für ihre persönlichen Bedürfnisse sollten sie mit dem absoluten Minimum zufrieden sein, weil sie wissen, dass materielle Güter nicht glücklich machen. Wenn es jedoch darum geht, hart zu arbeiten mit dem Ziel, anderen dienlich zu sein, sollten sie sich nicht zufriedengeben. Denn wenn sie fügsam und passiv sind, können Ereignisse, die dafür gesorgt hätten, dass es Menschen besser geht, nicht eintreten. Deshalb spornte Krishna Arjuna an, zu kämpfen und den Thron zurückzugewinnen. In einer Hinsicht war es nicht der Thron der Pandavas. Es war der Thron der Bevölkerung ihres Königreichs, die die starke, auf hohen Werten basierende Führung der Pandavas brauchte, damit ihre Gesellschaft gedieh. Insofern erstickt Spiritualität unseren Ehrgeiz nicht, sondern sie lenkt ihn in eine andere Richtung, sodass er in den Dienst anderer gestellt wird.

Die meisten Menschen wollen gar nicht vollkommen selbstlos sein. Mit Blick auf sich selbst ehrgeizig und unternehmerisch zu sein ist nicht falsch. Es ist in Ordnung, mehr zu besitzen, mehr zu verdienen und im Luxus zu leben – und diese Aussage kommt von einem Mönch, dessen gesamter Besitz in einen sechs Quadratmeter großen Raum passt. Ich ermutige Menschen nachdrücklich, in der Welt erfolgreich zu sein. Wenn Sie den Wunsch haben, ein luxuriöses Leben zu führen, ein teures Auto zu fahren, Urlaub in exotischen Ländern zu machen, dann ist nichts falsch daran. Wenn wir durch den Segen Gottes den Ehrgeiz und die Fähigkeit haben, mehr zu erreichen, müssen wir unser Potenzial verwirklichen und dürfen es nicht mit Gewalt unterdrücken.

Falsch ist es dagegen, wenn wir lediglich ein luxuriöses Leben führen, ohne uns darum zu bekümmern, ob wir auch entsprechend zurückgeben. Reichtum fördert die Selbstlosigkeit insofern, als er uns Wohltätigkeit ermöglicht. Jemand kann viele Tausend Euro für seine Hochzeit ausgeben, aber gibt sie oder er auch entsprechende Summen als Hilfe für Notleidende aus? Ein hoher Lebensstandard ermöglicht dem Geist vielleicht etwas vorübergehendes Glück, vermittelt aber keine tiefe Befriedigung, die auch das Herz erreicht. Das kann nur das Geben. Deshalb ermutige ich Menschen, ihre Ziele mit Leidenschaft zu verfolgen. Aber ich sage ihnen auch: Wenn Gott uns deswegen mit mehr Besitz segnet, dann sollten wir nicht nur unseren Lebens-, sondern auch unseren »Gebens-Standard« erhöhen.

»Dem würde ich nicht widersprechen«, sagte Harry. »Nehmen wir also an, mein Ehrgeiz wird durch die spirituelle Praxis nicht beeinträchtigt. Bewirkt er dann aber, dass ich meine führende Position verliere und man mich nicht mehr für durchsetzungsfähig genug hält?«, fragte er unbestimmt.

»Wie das?«, wollte ich wissen, während wir uns dem Tempel näherten.

»Es gibt so eine Sichtweise spiritueller Menschen. Wenn Sie jemandem erzählen, dass Sie Spiritualität praktizieren, dann ernten Sie einen belustigten Blick, als hätten Sie rückständige Vorstellungen und wären altmodisch«, lamentierte er.

»Dem stimme ich nicht zu«, sagte ich – aus vollem Herzen. »Spirituell Praktizierende gehören zu den mächtigsten Menschen der Welt. Schauen Sie sich den Bürgerrechtler Martin Luther King oder den ehemaligen Präsidenten Indiens, Dr. A. P. J. Abdul Kalam, an. Das waren Menschen, die Spiritualität praktizierten.«

»Das stimmt, aber im Büro ...«

»Also reden wir über das Büro!«, unterbrach ich ihn und lachte. »Warum haben Sie das nicht gleich gesagt? Wir haben doch vorhin über Bürointrigen gesprochen und darüber, dass ein Büro nur ein Mikrokosmos ist.«

Harry errötete. »Im Büro …«, begann er und hielt dann inne. »Wenn man im Büro erzählt, man hätte einen Mönch zum Mittagessen eingeladen, dann gilt man als etwas seltsam. Kollegen und Mitarbeiter haben dann den Eindruck, man ließe sich leicht ausnutzen, weil man Meditation und Yoga mag und versucht, bescheiden zu sein.«

Ich verstand, was Harry sagen wollte. »Da haben wir ein weiteres Missverständnis, das in der Arbeitswelt zu finden ist: Wenn man versucht, gut zu sein, wird man ausgenutzt; spirituelle Menschen werden angeblich im Geschäft über den Tisch gezogen. Ich erzähle Ihnen eine alte Geschichte, die zeigt, dass das nicht wahr ist.«

Der Weise und die Schlange

Schlangen werden in Indien respektiert und gefürchtet. Vielen Klischees zufolge hängt Indiens Wirtschaft von den Einnahmen ab, die das Taj Mahal, Goa und die Schlangenbeschwörer einbringen! Das stimmt natürlich nicht. Aber Schlangen und die indische Kultur lassen sich nicht voneinander trennen – sie gehören zu unserer Landschaft.

Vor Tausenden Jahren begab sich eine Gruppe Dörfler zu einem heiligen Mann, der in einer Höhle auf einem Berg meditierte. Jahre der Meditation hatten ihm die Weisheit verliehen, jedes Problem zu lösen, das ihm begegnete.

Außer Atem näherten sie sich ihm, und mit angsterfüllter Stimme klagte einer von ihnen: »O Hochverehrter, bitte hilf uns! Eine riesige giftige Schlange versetzt unser Dorf in Angst und Schrecken.«

Der Weise antwortete nicht. Er war noch in tiefer Meditation versunken. Die Dorfbewohner blickten sich an und drängten dann den inoffiziellen Sprecher, erneut das Wort zu ergreifen. »Man kann das Zischen der Schlange meilenweit hören. Sie beißt gnadenlos jeden auf ihrem Weg, unabhängig davon, ob sie bedroht wird oder nicht. Deshalb haben wir alle Angst, uns allein auf die Felder zu wagen, und das hat dazu geführt, dass unsere Ernte verdorrt. Nicht nur das Gift der Schlange bringt uns einen nach dem anderen um, sondern auch der Hunger. Wir bitten dich, uns zu helfen!«

Der Heilige war von Natur aus mitfühlend, so wie die meisten Menschen mit einer aufrichtigen spirituellen Geisteshaltung. Als er den Ernst der Situation erkannte, erhob er sich von seiner Strohmatte und blickte die Dorfbewohner an. »Lasst uns diese Schlange suchen«, sagte er. Die Dorfbewohner jubelten voller Hoffnung, während die ganze Mannschaft nun dem Heiligen auf der Suche nach ihrem zischenden Feind folgte.

Als sie sich dem staubigen Geisterland näherten, das vorher ihre Heimat gewesen war, drang das grimmige Zischen von der anderen Seite des Dorfes zu ihnen herüber. In rasender Geschwindigkeit näherte sich die Schlange der Schar der Dorfbewohner, ohne auf ihre Heugabeln und Feuerfackeln zu achten. Die Dorfbewohner liefen um ihr Leben, doch der Heilige blieb ruhig stehen und ließ sich nicht beirren von der Kreatur, die mit ausgebreiteter Haube herannahte, um ihn anzugreifen. Die grün-schwarzen Schuppen der Schlange, die sich schlängelnd und wellenartig bewegten, schimmerten majestätisch im Sonnenlicht. »Welche Schönheit!«, dachte der Heilige. Die Schlange hielt inne und starrte ihn an, da er nicht wie die anderen floh.

»Komm her, o prächtiger Herr!«, rief der Heilige aus. Die Schlange hatte noch nie zuvor solche Freundlichkeit erfahren und stand unter dem Bann dieser fünf Wörter. Die Wärme der Worte des Heiligen trat an die Stelle der Wärme des lodernden Feuers, das sie gewohnt war. Die Schlange verlor ihre ganze Wildheit, glitt auf den Heiligen zu und rollte sich sanftmütig und ehrerbietig zu seinen Füßen zusammen. Die Dorfbewohner, von denen sich einige in den Bäumen und andere auf der anderen Seite der Felder versteckt hatten, konnten das Gespräch nicht hören. Sie sahen aus der Ferne zu, erstaunt angesichts des Anblicks, der sich ihnen bot.

»Ich bin überwältigt von deiner Schönheit«, sagte der Heilige zur Schlange, als wären sie alte Freunde. »Aber warum verfolgst du die Dorfbewohner so?« Die Schlange senkte ihre Haube. »Lass ab von deiner zerstörerischen Art, terrorisiere die armen Dorfbewohner nicht unnötig. Hör auf, sie zu beißen – sie sind ohnehin kein Gegner für dich. Es gibt im Wald genug zu fressen.« Die Schlange verneigte sich vor dem Heiligen und beschloss, die Dorfbewohner in Ruhe zu lassen. Auch sie war überwältigt von der Güte und Tiefgründigkeit des Heiligen.

Jeder kann ein neues Leben beginnen, indem er ein Gelübde ablegt. Auch die Schlange tat das. Sie schlug ein neues Kapitel auf und hielt sich gewissenhaft an ihr Versprechen, ein anderes, unschuldiges Leben zu beginnen und niemandem mehr zu schaden. Von jenem Tag an waren die Dorfbewohner ermutigt und beschwingt, ihr Ernteertrag verdoppelte sich, ihr Vieh weidete ohne Angst, und ihre Kinder spielten im Wald. Der Heilige kehrte in seine Höhle zurück, um seinen inneren Weg fortzusetzen. Eine Geschichte mit Happy End? Noch nicht.

Einige Monate später kam der Heilige vom Berg herunter, um die Dorfbewohner um Nahrung zu bitten, gerade genug, um sich am Leben zu erhalten. Auf seinem Weg zum Dorf erblickte er die Schlange, die sich am Fuß eines Baumes zusammengerollt hatte und geschunden dalag, praktisch tot. Ihre Schuppen waren abgefallen; sie sah ausgemergelt aus und war verletzt, Wunden bedeckten ihren ganzen Körper.

»Was ist mit dir geschehen?«, fragte der Heilige voller Zuneigung.

»Das ist der Lohn des Gutseins«, antwortete die Schlange. Obwohl ihr Gift ausgetrocknet war, sprach sie mit Bitterkeit. »Ich war dir gehorsam und habe von meinen Schikanen abgelassen. Ich habe die Dorfbewohner in Ruhe gelassen und sie nicht mehr angegriffen. Aber sieh nur, was daraufhin mit mir geschehen ist. Alle bewerfen mich mit Steinen, schlagen mich mit Stöcken, und selbst die Kinder ärgern mich und ziehen mich gnadenlos am Schwanz. Ich bin zum Gespött aller geworden. Aber immerhin habe ich das Versprechen, das ich dir gegeben habe, gehalten ...«

Der Heilige lächelte und sagte: »O Schlange, du hast zwar getan, was ich von dir verlangt habe, aber du hast meine Anweisung nicht ganz verstanden. Ich hatte gesagt, du sollst die Dörfler nicht beißen – aber nichts davon, dass du dein wildes Zischen einstellen sollst, das die Leute meilenweit auf Distanz hält!«

Die Schlange rollte sich ab, ihr war klar, was sie jetzt tun musste. Die Dorfbewohner zitterten, als das Zischen wieder in der Gegend erklang wie in einem Albtraum. Von da an lebten sowohl die Dorfbewohner als auch die Schlange in Sicherheit.

»Was für eine Geschichte!«, sagte Harry.

»Die Moral ist, dass spirituelle Menschen anderen weder

absichtlich schaden noch sie im Geschäft betrügen. Gleichzeitig sind sie aber dennoch nicht furchtsam, wenn es um die Arbeit geht. Bescheiden oder sanftmütig zu sein ist nicht gleichbedeutend damit, ein Schwächling zu sein! Vielmehr bedeutet es zu verstehen, wie man sich in jeglichen Umständen richtig verhält. Wie es heißt: *Sei geradeheraus in zwei Bereichen: im Business und beim Essen.* Wir müssen verstehen, dass Spiritualität unseren Charakter verändert; sie macht uns nicht zu Einfaltspinseln!«, sagte ich nachdrücklich.

Harry lächelte, während ich fortfuhr: »Nicht einmal der Himmel sollte die Grenze sein für unseren Ehrgeiz, Geld zu verdienen. Aber dennoch sollten wir gleichzeitig stets dessen gewahr sein, dass Geld uns sehr leicht ablenken und dazu verleiten kann, im Hinblick auf unsere Ideale Kompromisse einzugehen. Wenn wir jedoch tief in uns hineinschauen und regelmäßig mit spirituell orientierten Menschen beisammen sind, können wir in unseren Absichten und Handlungen redlich bleiben und kolossal erfolgreich sein – ein Erfolg, der auf der Grundlage eines guten Charakters basiert. Es braucht Zeit, einen guten Charakter zu entwickeln, aber ein solcher Charakter ist ein leuchtendes Licht, das uns den Weg weist, wie wir leben sollen. Das ist das spirituelle Prinzip *sadachar*, auf das ich gleich zu sprechen komme.«

Zusammenfassung

→ Es gibt viele falsche Auffassungen im Zusammenhang mit der Frage, ob man ein spiritueller Mensch und gleichzeitig in der Welt erfolgreich sein kann.
→ Eine davon ist die Auffassung, Spiritualität zerstöre unsere Ambitionen und unseren Drang, etwas zu erreichen. Diese Auffassung ist falsch, denn Spiritualität verändert lediglich unsere Motivation – *warum* wir etwas erreichen wollen. Spiritualität bringt uns dazu, sehr erfolgreich zu sein, damit wir über die notwendigen Ressourcen verfügen, anderen zu helfen. Die Geschichte von Krishna und Arjuna in der *Gita* erklärt noch mehr: Kämpfe und erreiche etwas, um anderen zu helfen, aber sei in deinem persönlichen Lebensbereich mit wenig zufrieden.
→ Ein weiteres Vorurteil ist, dass spirituelle Menschen aufgrund ihrer Werte in geschäftlichen Angelegenheiten über den Tisch gezogen werden. Die Geschichte des Weisen und der Schlange veranschaulicht, dass wir uns auch im Geschäftsleben an unsere Werte halten, aber dennoch sehr genau und entschieden sein sollten.
→ Obwohl wir so viel Geld verdienen dürfen, wie wir wollen, und es dann zum Wohl aller einsetzen sollten, müssen wir auf der Hut sein, denn es hat das innewohnende Potenzial, uns von unserer Lebensaufgabe abzulenken.

16
Integrität und Charakter

Spiritualität hilft uns,
einen guten Charakter zu entwickeln.
Es ist ein Charakter, der dort hell leuchtet,
wo Worte es nicht vermögen.

»Lebe so, dass diejenigen,
die zwar dich kennen, aber Gott nicht,
Gott dadurch kennenlernen,
dass sie dich kennen.«

ANONYM

Was motiviert Menschen zu rechtschaffenem Handeln? Sind es Vorträge von charismatischen Rednern? Ist es eine ansprechende Philosophie, die sie hören? Oder die elektrisierende Stimmung bei Veranstaltungen, an denen sie teilnehmen? All das kann zwar dazu beitragen, aber der spirituellen Literatur zufolge ist das, was Menschen wirklich zum Handeln motiviert, keine intellektuelle Überzeugung, sondern eine Herzensinspiration.

Das liegt daran, dass Menschen eher von dem berührt werden, was wir tun, als von dem, was wir sagen. Wir werden inspiriert von denjenigen, die sich durch rechtschaffenes Verhalten, einen entsprechenden Charakter und Integrität – auf Sanskrit *sadachar* – auszeichnen.

Die Wagen und der Charakter

Das Wagenfest Jagannath Rathayatra entstand vor mehreren Tausend Jahren in der Stadt Puri an der Ostküste Indiens. Bei diesem Festival befördern drei riesige Wagen die Götter Shri Jagannath, Baladeva und Subhadra durch die Stadt, sodass alle sie sehen können. Millionen Menschen strömen herbei, um am Festival teilzunehmen. Seit den Siebzigerjahren findet das Rathayatra-Festival in Städten auf der ganzen Welt statt – in Mumbai sogar mehrmals im Jahr in verschiedenen Stadtteilen.

Vor einigen Jahren wurde in Mumbai, in einem wohlhabenden Bezirk namens Cuffe Parade, wo nur Angehörige der Hautevolee wohnen, eine Rathayatra geplant. Das Areal liegt an der Spitze von Mumbai, und dort ist alles sehr eng, sodass es schwierig war, drei breite Wagen fahren zu lassen. Stattdessen beschloss man, nur einen kleinen Wagen einzusetzen, in der Art einer Pferdekutsche, wie sie früher in England zu finden waren.

Einige Tage vor Beginn des Rathayatra stellten die Organisatoren fest, dass ihnen noch finanzielle Mittel fehlten. Die letzten Tage vor einem solchen Festival können extrem hektisch sein. Sie gingen all ihre Telefonlisten durch und riefen die Anhänger an, um zu fragen, ob sie Teile der Veranstaltung sponsern wollten. Einer davon war ein guter Freund von mir – Hitesh Kotwani. Er wohnte in der Gegend und war ein Förderer unserer Gemeinschaft. Leider hatte Hitesh bereits einen beträchtlichen Betrag für das Festival gespendet, um zu gewährleisten, dass es stattfand, aber er versprach den Organisatoren, einige seiner Freunde anzusprechen, um weitere Mittel zu beschaffen.

Die meisten von Hiteshs Freunden waren gut situiert – das musste man sein, um in Cuffe Parade wohnen zu können. Einer davon, den er ansprach, erklärte zunächst, er sei in dieser Woche bereits von drei spirituellen Organisationen um eine Spende gebeten worden und könne es sich eigentlich nicht leisten, noch mehr zu geben. Da Hitesh jedoch ein Freund von ihm war, schrieb er dennoch sofort einen Scheck aus. Hitesh war ein ziemlich guter Spendensammler, worüber sich die Organisatoren des Festivals sehr freuten.

Am Tag des Festivals kamen Tausende von Menschen in die Straßen von Cuffe Parade, um für Shri Jagannath zu tanzen, zu chanten und zu singen. Die Versammlung war großartig, die Besucher waren in strahlende Farben gekleidet und tanzten gemeinschaftlich mit harmonisch aufeinander abgestimmten Bewegungen. Die Anwohner blickten aus den Fenstern ihrer Wohnung und klatschten mit, denn die ganze Szenerie war sehr ansprechend. Selbst Taxifahrer, die durch die Shri-Jagannath-Prozession aufgehalten wurden, mussten beim Anblick der Feierlichkeiten einfach lächeln.

Während sich der Wagen in den Straßen fortbewegte, erkannte der Fahrer nicht, wie schmal sie waren. Er stand unter Druck, sodass er versehentlich mit dem Rad des Wagens gegen einen silbernen Mercedes stieß, der in der Straße parkte. Bei der Energie und Begeisterung des Festivals hatten die meisten Menschen den Vorfall gar nicht bemerkt. Andere hatten es wahrscheinlich gesehen, waren aber weitergegangen. Es gab keine Kameras auf dieser Straße. Abgesehen von diesem kleinen Schnitzer verlief der Rest des Festes reibungslos.

Zwei Tage später, als Hitesh in seinem Büro saß, erhielt er einen Anruf von dem Freund, der ihm den Scheck gegeben hatte. Was dieser sagte, verblüffte Hitesh: »Beim nächsten Festival will ich das Ganze sponsern!« – Das wäre eine enorme Summe.

Verwirrt fragte Hitesh ihn: »Das ist wirklich nett von dir, aber woher kommt dieser plötzliche Wunsch?«

Der Anrufer erklärte: »Als die Yatra zu Ende war, fuhr ich mit dem Aufzug von meiner Wohnung nach unten. Auf der Straße ging ich zu meinem silbernen Mercedes und entdeckte eine riesige Delle an der Seite. Ich war verzweifelt; in diesem Viertel ist ein solcher Vandalismus nicht üblich. Aber dann fand ich eine Notiz zwischen meinen Scheibenwischern.«

»Was stand darauf?«, fragte Hitesh.

Sie lautete: »An den Besitzer dieses schönen Wagens: Es tut uns sehr leid, Ihnen mitteilen zu müssen, dass der ebenso schöne Wagen von Shri Jagannath während des Festivals versehentlich gegen die Seite Ihres Autos gefahren ist. Ich habe hier eine Stunde lang gewartet, um zu sehen, ob Sie kommen und persönlich mit Ihnen zu sprechen, aber niemand kam. Unser Tempel möchte Ihnen die Reparatur dieser Beule vollständig zurückerstatten. Wir entschuldigen uns von Herzen für diese Unannehmlichkeit. Hier ist meine Nummer und Adresse. Bitte nehmen Sie Kontakt mit uns auf.«

Der Mann rief aus: »So eine Ehrlichkeit! Ohne diese Notiz hätte niemand in Erfahrung bringen können, wer mein Auto angefahren hat. Es wäre unmöglich gewesen, das herauszufinden. Trotzdem hat der Fahrer sich entschieden, es zuzugeben. Wenn die Anhänger von Shri Jagannath so sind, dann möchte ich alles tun, um sie zu unterstützen. Das ist genau die Art von Spiritualität, die gefördert werden sollte.«

Der Mann war wohlhabend genug, um das finanzielle Angebot für die Reparatur der Delle in seinem Auto nicht in

Anspruch zu nehmen. Stattdessen rief er unter der angegebenen Telefonnummer an und dankte dem Verfasser des Briefes vielmals dafür, dass er die Spiritualität auf rechtschaffene Weise repräsentierte.

Hitesh erzählte mir später, was sein Freund am Telefon mit den Tempelmönchen besprochen hatte: »Zuerst war derjenige, den ich wegen der Beule anrief, nervös, weil er befürchtete, ich könnte wütend sein. Doch stattdessen ging es dann zu seiner großen Überraschung in dem Telefonat darum, dass ich einen größeren Betrag spenden wollte. Wahrscheinlich ist mein Auto von Shri Jagannath gesegnet worden«, lachte er.

Philosophie ohne guten Charakter ist von geringem oder gar keinem Wert. Es gibt drei Aspekte praktizierter Spiritualität:

→ *Vichaar*: Die Philosophie, bei der wir Antworten suchen. Das hilft uns zu verstehen, wie wir leben sollen und wie unsere spirituelle Praxis aussehen sollte. Diese Konzepte wiederum sind universell gültige, grundsätzliche Richtlinien, die uns Orientierung geben, damit wir ein wertvolles Leben führen können.

→ *Aachaar*: Auf der Philosophie basiert das physische Handeln; das führt zu einer Veränderung in unserem Wertesystem und hilft uns, richtiges Verhalten und einen guten Charakter zu entwickeln. Wenn der Charakter schon allein dadurch transformiert wird, dass man nur einen Satz der vielfältigen Philosophie befolgt, dann werden diese Handlungen »Aachaar« genannt.

→ *Prachaar:* Die gute Lebensführung eines spirituell Praktizierenden inspiriert andere, die Philosophie und die spirituellen Werte anzunehmen. Ohne eine einzige Predigt halten zu müssen, können wir viele erreichen – allein dadurch, dass wir ein gutes Vorbild sind und einen guten Charakter haben. Was immer ein bedeutender Mensch tut – gewöhnliche Menschen folgen seinem Beispiel.

Ich war so ins Reden vertieft, dass ich es gar nicht bemerkt hatte: Wir hatten endlich den Tempel erreicht. Harry hatte geparkt und hörte mir einfach geduldig zu.

»Warum haben Sie mich nicht gebremst?«, fragte ich und lächelte Harry an.

»Ich wollte mehr hören. Wenn ich Sie unterbrochen hätte, hätten Sie mir diese wunderbare Geschichte der Rathayatra nicht erzählt«, antwortete er.

»Vielen Dank, dass Sie mich den ganzen Weg hierher gefahren haben! Und natürlich auch für das Mittagessen«, sagte ich, während ich die Tür öffnete. Ich hatte bereits alle für den Abend geplanten Veranstaltungen verpasst, also gab es keinen Grund zur Eile. »Möchten Sie mit hereinkommen?«, fragte ich.

»Sehr gern«, antwortete er und nahm seine Schlüssel. Wir traten hinaus in die feuchte Luft Mumbais, passierten das Sicherheitstor und wurden von den Wachen, von denen ich viele seit mehr als fünfzehn Jahren kannte, herzlich begrüßt. Sie gehören zu unserer Familie. Der Ashram, den ich mein Zuhause nenne, befindet sich in Girgaum Chowpatty. Hinter dem Eingang wird man von einem riesigen Innenhof mit dem zweigeschossigen Tempel aus Sandstein empfangen – eine großartige Architektur! Wir lachten und scherzten, als wir die Schuhablagen ansteuerten – man muss die Schuhe ausziehen, bevor man den Tempel betritt. Diese Geste bringt zum

Ausdruck, dass man den Bereich sauber halten will und den Tempel und die mit ihm verbundenen Menschen respektiert.

»Was war das vierte Rad?«, fragte Harry plötzlich, während er seine Schuhe auszog und sie dem Mann gab, der für die Schuhe zuständig war.

»Vielleicht heben wir uns das fürs nächste Mal auf«, sagte ich erschöpft von der Fahrt. »Ich muss Sie bald wieder besuchen und Ihr Weltklasse-Sambar noch einmal essen.«

»Wir sind beleidigt, wenn Sie das nicht tun«, grinste Harry.

In diesem Moment klingelte Harrys Telefon. Es war wieder seine Frau.

»Nur eine Sekunde«, sagte er und trat etwas beiseite, um den Anruf entgegenzunehmen. Ein paar Besucher baten mich, ein gemeinsames Foto mit ihnen zu machen, aber dennoch war meine Aufmerksamkeit auf Harry gerichtet. Teile des Gesprächs drangen bis zu mir herüber.

»Hallo? Wie geht es dir? Warum bist du vorhin nicht drangegangen?«, sagte Harry, sobald er Empfang hatte.

»Hallo?«, antwortete eine männliche Stimme am anderen Ende.

»Wer ist da?«, wollte Harry beunruhigt wissen. Ich sah, wie sich Schrecken auf seinem Gesicht abzeichnete.

»Herr Iyer, hier ist Dr. Shah vom Breach Candy Hospital. Wir haben versucht, Sie zu erreichen, aber ein Brand hat einige Sendemasten in der Gegend zerstört. Ihre Frau ist im Krankenhaus. Sie sollten herkommen …« Und wieder brach die Verbindung ab.

Ganz blass ließ Harry sein Handy fallen. Ich beendete sofort meinen Small Talk mit den Gästen und eilte ihm hinterher auf den Balkon des Tempels.

»Was ist los?«

»Lalita ... Lalita ist im Krankenhaus. Da stimmt was nicht. Ich muss sofort hin!«, rief er panisch. Er lief zu seinem Wagen. Ich nahm sein Telefon und rannte ihm nach.

Zusammenfassung

→ Ein guter Charakter kann Leben verändern. Er zeigt sich in dem, was wir tun, nicht in dem, was wir sagen. Die Geschichte über das Rathayatra-Festival in Mumbai ist ein gutes Beispiel dafür.

→ Die Prinzipien, die die Charakterentwicklung bestimmen, sind:

Vichaar: die Lebensphilosophie, nach der wir uns richten. Aus dieser Philosophie müssen wir lernen.

Aachaar: die Tat, die auf dieser Philosophie basiert. Wir müssen handeln.

Prachaar: das gute Verhalten, das der Welt durch dieses Handeln gezeigt wird. Wir müssen es praktizieren.

→ Was immer ein bedeutender Mensch tut – gewöhnliche Menschen folgen seinem Beispiel.

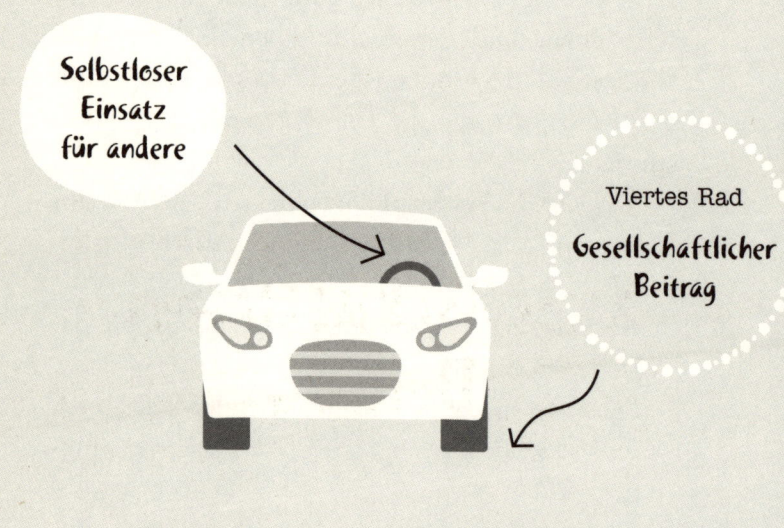

VIERTES RAD

Gesellschaftlicher Beitrag

··· 17 ···
Selbstlose Aufopferung

*Wir können völlig egoistisch,
vollkommen selbstlos oder
jegliche Kombination dazwischen sein.
Das Leben ist ein Weg vom Egoismus
zur Selbstlosigkeit.*

»Handle ohne Erwartung.«

LAOZI

··· · ··

Harry war die Treppe hinuntergelaufen; beinahe hätte er vergessen, seine Schuhe wieder anzuziehen. Ich folgte ihm die Marmorstufen hinunter über den Innenhof und griff mir sein Handy, dessen Bildschirm zersplittert war. Die anderen Mönche sahen verwirrt zu, ebenso wie die älteren Wachen. Sie hatten nicht die geringste Ahnung, welche Nachricht Harry gerade erhalten hatte. Seine Frau war im Krankenhaus, und der Arzt hatte ihn telefonisch gebeten zu kommen. Können Sie sich vorstellen, welche Gedanken ihm wahrscheinlich durch den Kopf gingen? Der Schmerz, den allein die Vorstellung verursacht, einen geliebten Menschen zu verlieren, kann oft genauso leidvoll sein, wie wenn man den Angehörigen tatsächlich verliert.

Harry öffnete das Auto mit der Fernbedienung. Er riss hektisch die Tür auf und ignorierte den Verkäufer von frischem Kokoswasser, der mit seinem Karren daneben stand.

»Bitte, Sie brauchen doch nicht mitzukommen. Vielen Dank für Ihre Zeit. Ich bin sicher, dass Sie sehr viel zu tun haben«, sagte Harry über die Motorhaube hinweg zu mir.

Es war jetzt aber wichtiger, dass ich Harry beistand, als an meiner weiteren Abendplanung festzuhalten. Eine schmerzliche Situation ist leichter zu bewältigen, wenn man Freunde an seiner Seite hat, die einen unterstützen. Obwohl ich ein Mönch bin und viele offizielle Aufgaben habe, möchte ich den Menschen, die mir wichtig sind, gern ein Freund sein. Das ist eine tiefere, persönlichere Verbundenheit.

»Es tut mir leid, aber ich komme mit Ihnen, ob es Ihnen gefällt oder nicht«, sagte ich und öffnete die Beifahrertür. Wir setzten uns beide in den Wagen, die Sicherheitsgurte klickten, und Harry kehrte auf die Straße zurück, ohne sich umzusehen, ob noch andere Autos kamen. Wir mussten schnell ins Krankenhaus.

Obwohl ich über drei Stunden auf diesem Sitz verbracht hatte, schien das Auto ein ganz anderes zu sein. Tatsächlich wirkte sogar Mumbai, an das ich gewöhnt war, völlig anders. Die Stimmung im Wagen war angespannt, und das wirkte sich auch darauf aus, wie ich die Umgebung wahrnahm. Unsere gesamte Weltsicht kann sich in nur einem Augenblick ändern, wenn wir solche Nachrichten hören, die das Leben auf den Kopf stellen. Wie verhalten wir uns in solchen Situationen? Wie verhalten sich *Freunde* in einer solchen Situation, wenn jemand etwas so Erschütterndes erfahren hat?

Schweiß oder Tränen oder eine Mischung aus beidem rann Harrys Gesicht herunter, als er seinen Verstand auf der Suche nach Nebenstraßen scannte, um den Verkehr zu umgehen, den wir vor wenigen Minuten noch unbekümmert

Selbstlose Aufopferung

durchquert hatten. Während er auf das Lenkrad klopfte, hupte und sein Handy immer wieder nach Nachrichten durchsuchte, platzte er heraus: »Was war das vierte Rad?«

Ich dachte, er wollte unser vorheriges Gespräch nur weiterführen, um höflich zu sein.

»Das vierte Rad?«, sagte ich. Ich war völlig perplex. In jenem Augenblick hatte ich noch nicht einmal an die vier Räder eines Autos gedacht. Die Situation eignete sich nicht für ein Gespräch über die Natur des Lebens; es war eine Notlage. Für Harry ging es jetzt darum, schnell zu fahren und zu handeln, und mein Part bestand darin, ihn mit meiner Freundschaft zu unterstützen. Wenn ein Unglücksfall eintritt, ist es manchmal das Richtige, einfach da zu sein. Ich wünschte, ich hätte etwas Kräutertee gehabt. Aber ich sprach trotzdem.

»Beim vierten Rad geht es darum, selbstlos zu sein und einen gesellschaftlichen Beitrag zu leisten. Aber lassen Sie uns ein anderes Mal darüber reden. Konzentrieren wir uns darauf, zu Ihrer Frau zu fahren. Ich bin sicher, dass es ihr gut geht.«

Er nickte zustimmend und konzentrierte sich auf die Straße. Wir rasten an Kemps Corner vorbei und ignorierten währenddessen sämtliche Signale, die uns aufforderten, anzuhalten und die Verkehrsregeln zu beachten. Es fehlte nur noch die Sirene.

Gedanken sind schneller als Worte und halten sich nicht immer an die richtige Reihenfolge. In diesem Sinne möchte ich das Rad der Selbstlosigkeit hier schnell vorstellen. In den knapp zehn Minuten, die wir in rasender Geschwindigkeit von Kemps Corner zum Krankenhaus unterwegs waren, ging mir dieses Thema durch den Kopf. Meine Mönchsausbildung bringt es mit sich, dass die Praxis der Selbstlosigkeit für mich gewissermaßen etwas ganz Natürliches sein sollte, aber wie die meisten von uns habe auch ich noch einen langen Weg vor mir.

Während Harry fuhr, legte ich ihm in stillem Trost meine Hand auf die Schulter und überlegte, dass er gerade jetzt das vierte Rad repräsentierte: selbstlos sein und zurückgeben.

Das Eis, die Kerze und die Sauerstoffmaske

Sanskrit ist eine der ältesten Sprachen der Welt. Es ist die Sprache der Philosophie des Hinduismus und anderer Religionen, die aus dem Hinduismus hervorgegangen sind. Es gilt als die Sprache der Götter, klingt elegant und kultiviert und wird in der *Deva-nagri*-Schrift – Schrift »der göttlichen Stadt« – niedergeschrieben. Wenn man jemanden im Sanskrit einen Esel nennen will, ist eines der Wörter dafür *vaishakanandan*. Wie charmant das klingt! Das Wort für Eiscreme ist auch interessant: *dughda-sharkara-yukta-himaghana-gola-gattu*. Und falls Sie eine Geschmacksnote hinzufügen möchten: Mango-Eis heißt *amra-dughda-sharkara-yukta-himaghana-ghana-gola-gattu*. Sanskrit sicher sprechen zu können erfordert Übung. Ich bin zwar ein echter Sanskrit-Fan, aber ein noch größerer Fan von Eiscreme. Kein anderes Dessert ist so lecker wie Eis, besonders in den Tropen. Doch hinter dem Eis steht der Gedanke: Genieße dein Leben, bevor das Eis schmilzt. Es symbolisiert den Hedonismus – Genuss –, jeden Moment des Lebens zu genießen.

Die Kerze wiederum symbolisiert hier etwas anderes: anderen Licht zu geben, bevor sie abgebrannt ist. Eiscreme und Kerzen »schmelzen« zwar beide, aber aus ganz unterschiedlichen Gründen. Eine Kerze wird aus Wachs geformt. Sie wird nur deswegen abgebrannt, um anderen Menschen Licht zu geben. Das ist die selbstlose Natur einer Kerze. Auf welchem Punkt der Skala befinden Sie sich (siehe die Abbildung)?

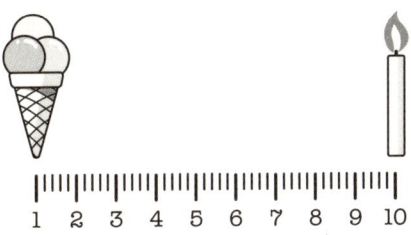

Ich bin sicher, dass Sie sich selbst nicht als völlig egoistisch betrachten, andererseits auch nicht als völlig selbstlos. Wir alle liegen irgendwo dazwischen. Aber nur weil wir nicht voll und ganz eine Kerze sein können, bedeutet das nicht, dass wir einfach egoistisch am Eiscreme-Ende bleiben sollten. Der Weg des Lebens führt vom Eis zur Kerze. Darin besteht im Kern der Sinn beziehungsweise die Lebensaufgabe eines jeden Einzelnen: zu teilen, zu geben und einen Beitrag für andere zu leisten.

»Aber warum haben wir denn dann zuerst über die drei Räder gesprochen, die uns selbst betreffen?«, fragen Sie sich jetzt vielleicht. Wenn doch unsere Lebensaufgabe darin besteht, anderen zu geben, warum haben wir dann darüber gesprochen, wie wir uns selbst verstehen und bei der Arbeit und in unseren Beziehungen glücklich sein können? Klingt das nicht egoistisch?

Die Sauerstoffmaske wird uns helfen, das zu verstehen. Viele Geschichten in diesem Buch haben sich bei meinen Reisen ergeben. Auf jedem Flug gibt es Sicherheitsanweisungen, die alle Passagiere befolgen müssen. Bei einigen geht es um Routineaufgaben wie das Anlegen eines Sicherheitsgurts, bei anderen um Verhaltensregeln bei Notsituationen, die wir hoffentlich nie brauchen werden, wie das Tragen einer Rettungsweste oder einer Sauerstoffmaske.

Während Mitglieder der Crew die Benutzung der Sauerstoffmaske im Flugzeug demonstrieren, tönt es aus dem Lautsprecher: »Im unwahrscheinlichen Fall eines Druckverlusts fallen automatisch Sauerstoffmasken aus der Kabinendecke. Ziehen Sie die Maske ganz zu sich heran, und drücken Sie sie fest auf Mund und Nase! *Helfen Sie danach Kindern und hilfsbedürftigen Menschen!*« Klingt dieser letzte Teil nicht egoistisch? Wir sollen doch bestimmt erst anderen helfen, bevor wir an uns selbst denken? – Natürlich! Doch wir dürfen dabei nicht vergessen, dass wir anderen nicht angemessen helfen können, wenn wir uns nicht vorher selbst geholfen haben: indem wir Sauerstoff einatmen. Wir können Wohlstand nur dann mit anderen teilen, wenn wir wohlhabend sind. Ebenso können wir andere nur dann lieben, wenn wir wissen, wie es ist, selbst geliebt zu werden. Wir können anderen nur Hoffnung vermitteln, wenn wir selbst Hoffnung haben. Kurzum: Wir können anderen nur das geben, was wir selbst haben.

Wenn wir anderen helfen wollen, ohne in den Bereichen der ersten drei »Räder« zufrieden und ausgeglichen zu sein, sind wir nicht in der Lage, ihnen etwas von Wert zu geben, und könnten sogar in »Mitgefühlserschöpfung« geraten. Mitgefühlserschöpfung ist ein Stresszustand, in den diejenigen geraten, die darunter leiden, dass sie sich übermäßig mit den Problemen anderer befassen. Es kann schädlich sein, sich zu viel um andere zu kümmern, denn diejenigen, die dabei die Selbstfürsorge außer Acht lassen, entwickeln mit der Zeit womöglich destruktive Verhaltensweisen. Deshalb müssen wir ein bisschen egoistisch sein, um unsere Reise auf einer sicheren Basis zu beginnen – so lange, bis wir das Stadium erreichen, in dem wir es uns leisten können, ganz und gar selbstlos zu sein, ohne unserem eigenen Wohlbefinden zu schaden.

Ich halte es zwar für möglich, völlig selbstlos zu sein, aber es ist ein Weg, ein Prozess und kein einzelnes Ereignis. Es erfordert Weisheit zu erkennen, wann wir uns selbstlos verhalten und wann wir uns einfach selbst schaden, indem wir überfürsorglich sind. Das Prinzip und die Praxis des »Dienens« – des uneigennützigen Einsatzes – beruhen darauf, dass wir irgendwo in der Mitte des Spektrums von Eiscreme und Kerzen stehen, also eigennützig und dennoch selbstlos sind.

Meine Hand lag immer noch auf Harrys Schulter. In den letzten Stunden waren wir uns vertrauter geworden. Wenn man sich einem anderen Menschen geistig öffnet und ihm ermöglicht, sich seinerseits zu öffnen, kann daraus bekanntlich tiefe Freundschaft entstehen. In diesem Moment zeugte Harrys Verhalten von völliger Selbstlosigkeit. Er war allein von dem Gedanken beseelt, seiner Frau zu helfen – so sehr, dass er sein Handy und beinahe die Schuhe im Tempel vergessen hätte. Der Groll, der vorhin in seinen Äußerungen über seine Frau erkennbar gewesen war, hatte sich offenbar vollständig gelegt. Manchmal erkennen wir erst in einer schwierigen Situation, wie viel Liebe wir für jemanden empfinden.

Als wir uns wieder am Ufer entlang durch den Verkehr schlängelten, wandte ich mich Harry zu und sagte: »Keine Sorge, Harry, alles wird gut. Sehen Sie nur, wie viel Liebe Sie für Ihre Frau empfinden.« Er schenkte mir dankbar ein halbes Lächeln und richtete dann seine Aufmerksamkeit wieder ganz auf die Straße. Ich kehrte zu meinen Gedanken zurück.

Zusammenfassung

→ Die Philosophie der Eiscreme ist: Genieße sie, bevor sie schmilzt.
→ Die Philosophie einer Kerze ist: Gib anderen Licht, bevor sie abbrennt.
→ Um glücklich zu sein, sollten wir unsere Einstellung umwandeln von der einer Eiscreme zu der einer Kerze, von egoistisch zu selbstlos. Das zeigt sich im Einsatz für andere.
→ Wir müssen uns vor Mitgefühlserschöpfung hüten. Das bedeutet, wir müssen all unsere »Räder« im Gleichgewicht halten, wenn wir anderen helfen wollen. Das ist das Prinzip, auf uneigennützige Weise selbstlos zu sein.

··· 18 ···
Die Familie geht vor

*Der erste Schritt zur Selbstlosigkeit ist der,
dass wir sie in der Familie praktizieren.*

»Du wählst deine Familie nicht aus.
Sie ist Gottes Geschenk an dich,
wie du es auch für sie bist.«

DESMOND TUTU

Unser Weg der Selbstlosigkeit vom Eis zur Kerze muss irgendwo beginnen. Oft verhalten sich Menschen außerhalb ihres Zuhauses selbstlos. Sie helfen vielleicht in ihrer Gemeinde, im Tempel beziehungsweise der Kirche oder in der Schule aus, und einige sind vielleicht darauf aus, ihren Einsatz in einem Selfie festzuhalten, um der Welt zu demonstrieren, dass sie geholfen haben. Doch zu Hause zeigen sie vielleicht nicht dieselbe Einstellung des selbstlosen Einsatzes. Meiner Meinung nach beginnt Selbstlosigkeit aber daheim, bei denen, die wir am meisten lieben. Tun wir wirklich alles, was wir können, um ihnen zu helfen? Sind wir für sie da, um ihnen körperlich und emotional zu helfen? Beziehungen innerhalb der Familie funktionieren nur dann gut, wenn alle Beteiligten nicht viel von den anderen erwarten, aber hinsichtlich ihres eigenen Engagements für die anderen hohe Erwartungen an sich selbst haben.

In diesem Moment war Harry ein Beispiel dafür, wie man

sich für einen geliebten Menschen einsetzt. Ich musste an Lata Khare denken. Die Geschichte, wie sie sich für ihren Mann aufopferte, hat mein Herz tief berührt.

Langstreckenlauf

Lata Bhagavan Khare war 65 Jahre alt und lebte in einem kleinen Dorf im Buldhana-Distrikt des Bundesstaats Maharashtra. Sie führte ein einfaches Leben. Sie und ihr Mann arbeiteten täglich auf dem Bauernhof eines Grundbesitzers und konnten auf diese Weise gerade so ihr Überleben sichern. Ihr Haus war zwar klein, aber das Essen, das sie vom Hof erhielten, füllte ihren Magen.

Einen kleinen lebenslang angesparten Betrag hatten sie dafür ausgegeben, ihre drei Töchter zu verheiraten. Nun, da sie all ihre Pflichten erfüllt hatten, genossen sie die einfachen Freuden des Lebens und die Gesellschaft des jeweils anderen. Sie waren unzertrennlich und kannten sich gegenseitig in- und auswendig. Ihre Beziehung war ein Beweis für den Leitsatz, dass man keinen Luxus braucht, um glücklich zu sein.

Eines Tages, sie war gerade von der Arbeit auf dem Bauernhof zurückgekehrt, sagte ihr Mann, er fühle sich nicht wohl. Sie versuchte mit allen möglichen pflanzlichen Heilmitteln, ihm zu helfen, aber es ging ihm trotzdem nicht besser.

Am örtlichen öffentlichen Krankenhaus diagnostizierte man bei ihm eine schwere Infektion und empfahl Lata, ihren Mann in ein größeres, besser ausgestattetes Krankenhaus zu bringen, damit weitere Tests durchgeführt würden. Lata war bestürzt. Sie hatten kaum genug Geld, um die Fahrt ins Krankenhaus zu bezahlen, geschweige denn für die teuren Untersuchungen, die von den Ärzten angeordnet worden waren. Mit Tränen in den Augen gab sie die Nachricht an ihren Mann weiter und fühlte sich völlig hilflos. Sie konnte ihn doch nicht einfach in ihren Armen sterben lassen!

Schließlich nahm sie all ihren Mut zusammen, überwand ihren Stolz und erbettelte genügend Geld von Nachbarn und Verwandten, um ihren Mann in das größere Krankenhaus bringen und sein Leben retten zu können. Die finanzielle Hilfe, die sie auf diese Weise erhalten hatte, ermöglichte es beiden, zum großen Krankenhaus zu fahren. Das war für sie ein ungewohnter Ort, und sie fühlten sich sehr unwohl und fehl am Platz. Einige Leute blickten sie seltsam an, andere ignorierten sie, als wären sie unsichtbar. Doch Lata ließ sich nicht beirren, fasste noch mehr Mut und bat um einen Arztbesuch. Die Mitarbeiter an der Rezeption nahmen eine Anzahlungsgebühr von ihnen – fast alles, was Lata und ihr Mann besaßen – und baten sie, vor dem Behandlungsraum eines Arztes zu warten, bis sie aufgerufen würden. So saß sie da, während wichtig aussehende Leute durch die Gänge liefen und Begriffe von sich gaben, die sie nicht verstand. Ihr zweiter Vorname war Bhagavan (»Gott« auf Sanskrit), und zu Gott betete sie in der Hoffnung, dass er ihren Mann und besten Freund retten würde.

Als es so weit war, wurde ihr Mann hereingerufen. Nach einer Untersuchung übergab ihr der Arzt eine Liste mit weiteren Untersuchungen, Medikamentenrezepten und eine Empfehlung für einen Krankenhausaufenthalt. Lata sank in ihren Stuhl, die Welt um sie herum wurde plötzlich dunkel.

»Ich habe kein Geld, ich kann nirgendwohin, wie soll ich nur das Geld dafür aufbringen, der Liebe meines Lebens zu helfen?«, dachte sie. Tränen liefen ihr die Wangen herab, als sie und ihr Mann mutlos das Krankenhaus verließen.

Die Krankenhauskantine konnten sie sich nicht leisten, also erstanden sie bei einem Samosa-Wallah an der Bushaltestelle zwei Samosas für die Heimfahrt. Lata ging fortwährend der Gedanke im Kopf herum, dass dies die letzte Mahlzeit ihres Mannes sein könnte. Der Samosa-Wallah wickelte ihren Snack in eine Zeitung ein und überreichte ihn ihr mit einem Lächeln. Als sie ihre Samosa und ihr Chutney aus der Zeitungsumhüllung aß, erblickte sie die Schlagzeile: »Baramati-Volkslauf – mit Preisgeld!« Ihr Herz setzte aus, erlangte dann aber schnell seinen normalen Rhythmus zurück. Und ein regelmäßig schlagendes Herz brauchte sie jetzt mehr denn je: für den Lauf, an dem sie teilnehmen wollte.

Als sich am nächsten Tag alle im Laufdress am Startpunkt des Rennens aufstellten, stand Lata Khare in ihrem rot gemusterten Sari im Maharashtra-Stil da. Barfuß und mit Tränen in den Augen stritt sie mit den Organisatoren, sie mögen ihr erlauben mitzulaufen, aber diese weigerten sich. Sie war 65! Die Organisatoren wollten nicht das beträchtlich hohe Risiko eingehen, dass sie bei dem Versuch starb, ihren Mann zu retten. Nach einer guten Stunde des Bettelns und Flehens einigten sie sich schließlich darauf, sie doch antreten zu lassen, und hefteten ihr eine Nummer an die Kleidung. Als sie zu laufen begann, drehten sich die anderen Teilnehmer nach ihr um und lachten. Viele von ihnen hatten angenommen, sie sei nur als Begleitung mitgekommen, weil ihre Tochter oder ihr Sohn am Wettlauf teilnahm; sie waren schockiert, als sie sie selbst laufen sahen. Doch Lata ignorierte die kichernden Konkurrenten.

Es war ein Anblick für die Götter! Jugendliche und junge Erwachsene, die monatelang für diesen Lauf trainiert hatten, machten sich startbereit neben einer alten Dame, die ihren Sari über den Knöcheln anhob. Sie war in ihrem Leben noch nie ein Rennen gelaufen, ganz zu schweigen von einem Langstreckenlauf. Und ihre Konkurrenten wussten nicht, dass eine Frau, die vom Alter her ihre Großmutter sein könnte, gerade im Begriff war, ihnen eine Lektion zu erteilen. Doch Lata konnte an nichts anderes denken als an die Liebe, die sie für ihren Mann empfand. Bei diesem Wettlauf ging es um Leben oder Tod, was machten das bisschen Schotter und die paar Steine da schon aus?

Lata lief wie der Wind und konzentrierte sich nur auf eines: die Ziellinie. Ihre Füße bluteten, ihr Sari war schweißdurchtränkt, doch sie lief weiter. Es wäre schon eine große Leistung, wenn sie es überhaupt bis in die Ziellinie schaffte. Die Leute, die das Spektakel miterlebten, jubelten ihr zu; denn sie hatten inzwischen erfahren, warum sie an dem Lauf teilnahm, und waren gerührt.

Das Ganze wäre sinnlos, wenn sie nicht gewann, denn es gab keinen Preis allein für die Teilnahme. Und sie schaffte es! Die Organisatoren des Rennens konnten es nicht fassen: Lata Khare, eine 65-jährige Frau aus einem kleinen Dorf in Maharashtra, hatte den Lauf gewonnen. Die Menge auf den Straßen von Baramati jubelte ihr zu und feierte ihren Sieg. Nun war sie eine lokale Heldin. Doch die Aufmerksamkeit kümmerte sie nicht.

Sie strich ihren Gewinn ein, marschierte schnurstracks ins Krankenhaus und sorgte dafür, dass ihr Mann die bestmögliche Behandlung erhielt. Bei dieser Gelegenheit wurden ihr auch gleich noch die Füße verbunden.

Wie Gandhi schon sagte: Liebe ist die stärkste Macht der Welt. Lata gewann in den folgenden zwei Jahren noch weitere Läufe, aber das ist eine andere Geschichte.

Ich hätte Harry gern von Lata erzählt, aber es war nicht der richtige Zeitpunkt. Seine Situation könnte man mit der Latas vergleichen. So wie sie am Lauf teilgenommen hatte, um dem Menschen zu helfen, den sie liebte, tat auch Harry in diesem Moment alles, was er konnte, um seiner Liebe beizustehen.

Selbstlosigkeit beginnt bei der eigenen Familie, sollte aber dort nicht enden. Um den Radius unserer Uneigennützigkeit zu erweitern, sollten wir auch denjenigen helfen, die nicht zum Kreis der Menschen gehören, denen üblicherweise unsere unmittelbare Fürsorge und Zuneigung gilt.

Zusammenfassung

→ Zum einen praktizieren wir Selbstlosigkeit, um unserer Familie zu helfen. Unsere alltäglichen mehr oder weniger aufopfernden Aktivitäten für die Aufrechterhaltung unserer Familienbeziehungen sind Akte der Selbstlosigkeit. Wir müssen nicht unbedingt einen Langstreckenlauf wie Lata Khare zurücklegen, um den Menschen, die wir lieben, unsere Zuneigung zu zeigen.

→ Die Reichweite der Selbstlosigkeit sollte nicht bei unserer Familie enden. Wir können auch denen helfen, die nicht zum Kreis derer gehören, denen unsere unmittelbare Pflege und Zuwendung normalerweise zuteilwird.

··· 19 ···
Einsatz für die Nation

Wir können die Reichweite der Selbstlosigkeit
über unsere Familie hinaus erweitern,
indem wir unserer Gemeinde,
unserer Stadt oder
sogar unserer Nation dienen.

»Du brauchst eine Einstellung des Dienens.
Du dienst nicht nur dir selbst.
Du hilfst anderen zu wachsen und
wächst dadurch selbst,
gemeinsam mit ihnen.«

DAVID GREEN

··· · ···

Im Zickzackkurs rasten wir durch den Verkehr und nutzten all unsere Kenntnisse über die Stadt, um über Nebenstraßen ins Krankenhaus zu gelangen. Es ist unglaublich, wie viel man versäumt, wenn man sich immer auf ausgetretenen Pfaden bewegt. Ich erblickte Teile der Stadt, die ich noch nie zuvor gesehen hatte.

Vielleicht war es uns zuvor auf dem Weg zum Tempel bei unserem angeregten Gespräch entgangen, aber nun, als wir auf einer anderen Route unterwegs waren, erkannten wir die Ursache für den Stau: Mumbai war zum Erliegen gekommen, weil ein Gebäude brannte und von den Flammen verschlungen wurde. Rauchschwaden stiegen vom Dach eines dreigeschossigen Wohnhauses auf und bildeten Spiralen am Himmel. Es war ein erschreckender Anblick. Der Verkehr staute sich rund um die Szene immer mehr auf, weil Menschen stehen blieben und starrten, und die Polizei versuchte ihr Bestes, um sowohl die Autos als auch die Fußgänger umzulenken. Die roten Lichter der Feuerwehrfahrzeuge säumten die Straßen, und wir erblickten sogar einige Soldaten der dortigen Streitkräfte, die der Feuerwehr halfen.

Meine Aufmerksamkeit wandte sich zwei Männern zu – einem Feuerwehrmann und einem Soldaten –, die Hand in Hand arbeiteten, um einen langen Schlauch aus dem Löschfahrzeug zu packen. Sie hielten ihn beide fest und liefen gemeinsam los; dann stellten sie sich direkt neben das Feuer und bekämpften die Flammen. Bei einer Katastrophe kommt es vor allem auf die Teamarbeit an, die Menschen müssen sich zusammentun. Die Aufopferung dieser beiden Männer erinnerte mich an einen anderen Mann der indischen Armee, meinen Freund Brigadier Sunil Kumar N. V.

Als er mir seine Geschichte erzählte, musste er schlucken. Da es ungewöhnlich war, dass er als Mann der Armee starke Emotionen zeigte, fragte ich ihn, was los sei, und als er nicht antwortete, vermutete ich, dass er damit einfach die Zuneigung zum Ausdruck brachte, die er für seine Männer empfand, weil sie ihrem Land mutig dienten. Ich staunte, als ich feststellte, dass es erfüllender sein kann, den eigenen Wirkungsradius auszuweiten und sich für die Gemeinschaft und die Nation einzusetzen, als sich nur auf die eigene Familie zu beschränken. Sunil Kumars Geschichten sind perfekte Beispiele dafür.

Dem Land dienen

»Die Blätter knirschten unter den Füßen, als unsere indische Kommandoeinheit in einer Reihe durch den wuchernden Dschungel Sri Lankas lief«, begann Sunil Kumar. »Alle Soldaten des Kommandos hatten schwarz-grüne Schminke aufgetragen, um komplett getarnt zu sein. Ihre Finger lagen an halbautomatischen Gewehren – dem Rascheln und Singen der tropischen Vögel im Blätterdach über ihnen war nicht zu trauen. Eine beklommene Stille senkte sich über die Männer herab, sie blickten sich an. Sie wussten, was nun bevorstand.

Plötzlich flatterten Vögel aus den Baumwipfeln auf, aufgeschreckt von Schüssen. Die Liberation Tigers of Tamil Eelam griffen unsere indische Friedenstruppe an, die Indian Peacekeeping Force. AK-47-Geschosse der Tamil Tigers hagelten auf unsere Task Force ein, die in einen Hinterhalt geraten war. Zur Verteidigung lagen wir flach auf dem Boden und feuerten – wobei wir uns am Echo des Kugelregens orientierten – in Richtung Osten.

Die meisten unserer Männer konnten entkommen. Wir waren nicht sicher, wie viele übrig waren«, fuhr Sunil fort. »Es war 1988, und die Technologie war nicht so fortschrittlich wie heute. Es würde einige Zeit dauern herauszufinden, wie viele Tote und Verletzte auf dem Dschungelboden zurückgeblieben waren. Wir erhielten einen Anruf voller Störgeräusche bei unserer Einheit, es gebe einen Schwerverletzten, der evakuiert werden müsse. Wo war er genau? Wir wussten es nicht. Wie schwer war er verletzt? Wir wussten es nicht. Wie viele Männer waren bei ihm? Das Bild einer sehr ungewissen, prekären Situation kristallisierte sich heraus. Aber wir waren aufgerufen, ihm zu helfen und ihn zu retten.

Wir machten uns auf den gefahrvollen Weg zu ihm. Unterwegs sahen wir die Fußspuren der Männer, die vor uns durch den Dschungel gelaufen waren. Der lange, gewundene Pfad folgte einem Süßwasserbach und führte uns durch unbekanntes Gebiet. Wir erreichten die Stelle schneller, als wir erwartet hatten. Wenn man weiß, dass jemand in Gefahr ist, strengt man sich mehr an, um ihm zu helfen. Aus der Ferne waren zwar immer noch Schüsse zu hören, aber wir erreichten unseren Mann, ohne größeren Schaden zu nehmen«, fügte Kumar hinzu.

»Noch bevor man den Soldaten sah, konnte man den übelkeiterregenden Gestank nach Blut und Fleisch riechen. Er war so schwer verletzt, dass einige seiner inneren Organe durch seinen tief aufgerissenen Körper herausgefallen waren. Blut sprudelte aus ihm heraus, und er heulte vor Schmerz. ›Ich will nicht sterben‹, schrie er, als er uns sah. ›Sagt meiner Frau und meinen Kindern, dass ich sie liebe. Sagt meinen Landsleuten, dass ich sie liebe‹, fuhr er fort, unfähig, sich zurückzuhalten. Es war dringend, wir mussten ihn um jeden Preis da herausholen. Jedes weitere Geräusch konnte die Tamil Tigers anlocken, die sich auf uns stürzen würden.

Wir öffneten die Trage, die wir mitgebracht hatten, und schoben ihn schnell darauf. Erste Hilfe zu leisten war hart in einer Situation, in der das Adrenalin wie Sauerstoff strömte. ›Wir haben einen Verletzten. Brauche einen Rettungshubschrauber‹, sprach ich in mein tragbares Funkgerät. ›Geht nicht‹, tönte es zurück. ›Der Dschungel ist zu riskant, und es ist kein Feld in Sicht.‹ Sie konnten das Wagnis nicht eingehen, dass der Hubschrauber abgeschossen wurde. Wir mussten einen anderen Weg aus dieser Hölle finden und unseren Mann in ein Militärkrankenhaus bringen.

In Anbetracht seines Zustands blieb uns nur eines«, sagte der Brigadier. »Wir hoben ihn mit der Trage auf und liefen schnell zur nächsten Straße, wo wir ein Auto anhielten und die Kontrolle übernahmen. Ich bin aus Kerala, und so ist es mir gelungen, als Einheimischer durchzugehen. Es war leicht, den Fahrer zu überzeugen, uns ins Krankenhaus zu bringen, weil wir uns äußerlich nicht von den Einheimischen unterschieden. Es war ein gefährlicher Schachzug. Wäre die Person, in deren Auto wir saßen, ein Sympathisant der Tamil Tiger gewesen, hätten wir keine Chance gehabt. Sie waren berüchtigt dafür, Wagen stichprobenartig anzuhalten. Aber schließlich rasten wir durch den Dschungel und schafften es in ein Militärkrankenhaus – gerade noch rechtzeitig dafür, dass unser verletzter Kamerad überlebte, um seine Geschichte erzählen zu können.

Nach einigen Monaten war er wieder bei der Einheit, bereit, draußen im Einsatz zu sein. So war die Kameradschaft innerhalb der Armee; wir waren bereit, uns füreinander und für die Nation zu opfern. Und genau dieser Geist motiviert uns, uns noch mehr einzusetzen.«

Sunil Kumar berichtete nicht nur von Einsätzen in der Dschungelhitze. Er erzählte auch von seiner Zeit auf dem höchsten Schlachtfeld der Welt – dem Siachengletscher im Himalaja – und sprach über den Teamgeist in der Armee.

»Ich befehligte eine Gruppe von Männern, die die gefrorene indische Grenze schützen sollte. Sie erstreckte sich über einen riesigen Eisblock hinweg. Auf einem Gletscher ist es unberechenbar, ob man überlebt. Es gibt Lawinen, die einen unter Tonnen von Schnee begraben können. Oder, was meiner Meinung nach noch schlimmer ist: die unvorhersehbaren Spalten, für die der Gletscher berüchtigt ist. Das Eis bricht auf, und es entstehen dreißig bis sechzig Meter tiefe Schluchten. Wenn man beim Gehen nicht aufpasst und hineinfällt – und in der Vergangenheit ist das tatsächlich schon geschehen! –, dann besteht keine Hoffnung auf Rettung. Der Körper gefriert, denn in der Spalte herrschen Temperaturen von bis zu minus einhundert Grad Celsius.

Wir fanden eine Methode, wie wir für die Sicherheit aller sorgen konnten: Wir banden uns alle hintereinander an ein langes Seil. Wenn also einer von uns in die Spalte fiel, hackten die anderen ihren Eispickel in den Boden, und anschließend konnten wir ihn alle zusammen wieder heraufziehen. Wir setzten unser Leben aufs Spiel, nicht nur dadurch, dass wir im Krieg kämpften, sondern auch durch die tödliche Kälte, die eine unmittelbare Gefahr für das Herz und den Körper insgesamt darstellt. Unser Teamgeist machte es möglich, dass wir füreinander und das Land unser Leben riskieren konnten«, erzählte Brigadier Kumar.

Mein Verstand war immer noch auf dem Siachengletscher eingefroren, als die Reifen quietschten. Ich sann darüber nach, dass wir alle nachts friedlich schlafen können, weil die abgehärteten Männer und Frauen der indischen Streitkräfte bereit sind, sich allen Schwierigkeiten und Gefahren zu stellen und sogar ihr Leben zu opfern, um die Nation und ihre Bürger zu schützen. Das Mindeste, was wir tun können, um es ihnen zu vergelten, ist, uns als Nation und als Bürger der Opfer würdig zu erweisen, die sie für uns bringen.

Wir erreichten das Krankenhaus. Meine volle Aufmerksamkeit galt nun wieder Harry, der in seinem Sitz in sich zusammenfiel und den unteren Teil des Lenkrads umfasste. Er hielt inne, atmete und versuchte, nach der verrückten Raserei wieder zu sich zu kommen.

»Was, wenn sie es nicht schafft?«, fragte er und blickte mir in die Augen.

»Wenn sie was nicht schafft?«, erwiderte ich.

»Was, wenn sie mir genommen wird«, sagte er weinend.

»In Momenten großer Trauer verstehen wir, was ein Mensch uns bedeutet«, dachte ich.

Ich sagte nichts, lehnte mich nur zu ihm herüber, um ihn zu umarmen. Er wischte sich die Augen mit dem Taschentuch in seiner Blazertasche ab. Es war ein emotional anstrengender Tag für ihn gewesen, und er war noch lange nicht zu Ende. Harry atmete aus und öffnete seine Tür. Ich sprang von der Beifahrerseite aus dem Auto und folgte ihm, als er das Krankenhaus betrat, um zu sehen, was das Schicksal für ihn bereithielt.

Zusammenfassung

→ Wenn wir den Radius der Selbstlosigkeit erweitern, können wir uns effektiv für die Gemeinschaft und die Nation einsetzen.

→ Das zeigen zum Beispiel die heroischen Bemühungen der Soldaten, die uns beschützen. Und im Idealfall die Staatsbeamten, wenn sie zum Wohle aller die Geschicke der Nation lenken.

··· 20 ···
Uneigennütziges Dienen macht Freude

Im Sanskrit heißt Dienst seva.
Wenn wir unser seva
durch ein spirituelles Element ergänzen,
kann es erfüllender sein.

»Anderen zu dienen ist die Miete,
die du für deinen Platz hier auf der Erde bezahlst.«

MUHAMMAD ALI

··· ··· ···

Das Krankenhaus war laut. Ärzte in weißen Kitteln liefen umher und strahlten zuversichtliches Selbstvertrauen aus – zu Recht. Denn das, was sie taten, konnte den Unterschied zwischen Leben und Tod, zwischen einer trauernden oder einer glücklichen Familie, zwischen wahr gewordenen oder für immer begrabenen Träumen bedeuten. Sie konnten wirklich etwas bewirken.

»Kann ich Ihnen helfen?« Die Empfangsdame lächelte Harry an, immun gegen sein drängendes Auftreten. Sie sah zweimal hin, als sie mich gewahrte, interessiert an meiner ungewöhnlichen Kleidung.

»Wir hätten gern die Zimmernummer von Lalita …«, begann Harry, wurde aber unterbrochen, als die Empfangsdame ans Telefon ging.

»Einen Moment bitte, Sir …« Die Empfangsdame wandte sich ab, um einen Anruf entgegenzunehmen: »Ja, wie kann ich Ihnen helfen?« Harry stöhnte, biss die Zähne zusammen, trommelte mit den Fingern auf der Empfangstheke herum und bedachte die Empfangsdame mit einem tödlichen Blick. Er sprach lauter: »Ich hätte gern die Zimmernummer von Lalita …« Doch sie nahm keine Notiz von Harry. Sie drehte sich leicht mit ihrem Stuhl hin und her und wickelte die Telefonschnur um ihren Finger.

»Iyer. Puls stabil, Pyrexie, Emesis seit der Ankunft«, sagte ein junger Arzt zu einem älteren, während er diesem folgte. Der ältere Arzt wirkte wichtig und nötigte einem Gefolge aus zehn Personen, vermutlich Studenten, Respekt ab. Sie eilten ihm hinterher und lauschten gebannt jedem Wort, das aus seinem Mund kam. Harry hatte zufällig seinen Nachnamen gehört und stürzte sich nun in den engen Kreis der Medizinstudenten und ihres Lehrers.

»Haben Sie eben Iyer gesagt?«, wandte sich Harry an den Schüler. Dieser blickte seinen Lehrer an, unsicher, wie er antworten sollte.

»Wir können Ihnen leider keine vertraulichen Informationen über Patienten geben, Sir«, antwortete der Student schließlich vorsichtig.

»Ich bin Harry Iyer, Ehemann von Lalita Iyer. Als Sie Iyer gesagt haben, meinten Sie da meine Frau? Lalita Iyer? Wo ist sie?«, fragte Harry, ignorierte den Schüler und richtete seine Frage direkt an den ranghöheren Arzt.

»Herr Iyer?«, sagte der leitende Arzt. »Hallo, ich bin Dr. Harshil Shah, wir haben vorhin miteinander telefoniert.« Harry ergriff die Hand des Arztes mit beiden Händen.

»Wo ist Lalita? Was ist los?«, wollte er wissen und hielt weiterhin dessen Hand, denn es war ihm durchaus bewusst, dass Dr. Shah die Rettungsleine zu seiner Frau war.

»Bitte folgen Sie mir, Sir. Wir führen gerade ein paar Tests durch«, antwortete Dr. Shah. Er hatte mich bislang kaum beachtet. Während er eine Treppe hinaufeilte, reichten ihm Krankenschwestern mit weißen Hauben im Gehen Krankenblätter und medizinische Unterlagen. Harry hastete dem Arzt nach, die Medizinstudenten liefen wiederum Harry hinterher, aufgeregt, als gäbe es nun etwas Besonderes zu sehen, und ich folgte der gesamten Gruppe, weil ich wusste, dass ich für meinen Freund da sein musste.

Harry und ich wurden vom Arzt zum Wartebereich im ersten Stock geführt. Er erklärte, dass wir uns vielleicht ein wenig gedulden müssten, bevor wir Lalita sehen konnten. Er bestätigte, dass sie auf dieser Etage lag, und machte sich mit seiner Studentengruppe dann wieder im Eiltempo auf den Weg. Wir wussten immer noch nicht, was überhaupt los war. Harry schloss die Augen und legte die Hände zusammen. Es sah aus, als betete er, aber ich war mir nicht sicher. Sein Gesichtsausdruck war bedrückt. Einer nach dem anderen wurden die Anwesenden aufgerufen – zu einem Termin bei einem der Ärzte oder um ihre Lieben zu sehen. Erst nach dreißig Minuten rief Dr. Shah Harry. »Harry Iyer, Lalita geht es jetzt gut genug, um Sie zu sehen.«

»Was war das Problem?«, fragte Harry, als er zu ihm hinüberging. »Kommt sie wieder in Ordnung? Wo ist sie?« Er ging den Flur hinunter in ein Zimmer, in dem sich seine Frau befand.

Während ich im Wartebereich saß und das Schlimmste befürchtete, schaute ich mich um und beobachtete die Ärzte, wie liebevoll und mitfühlend sie mit ihren Patienten umgingen. Währenddessen dachte ich darüber nach, welcher Antrieb einen spirituellen Menschen zum Handeln bringt: der des *seva* beziehungsweise des selbstlosen Dienens. Ich dachte zurück an die Zeit Anfang Januar, an das Krankenhaus, das unsere Gemeinschaft an der Mira Road in Mumbai betreibt, und an die Werte, von denen die dort tätigen Ärzte inspiriert sind. Viele von ihnen waren im heiligen Dorf Barsana, dem Geburtsort von Krishnas Gefährtin Radha, tätig und stellten dort bei einem jährlich eingerichteten Camp für Zahn- und Augenbehandlungen kostenlos ihre Zeit, ihre Fähigkeiten und ihr Herz in den Dienst derjenigen, die es am nötigsten hatten. Ich erinnerte mich an die Geschichten, die mir einer meiner Freunde aus London, Vinay Raniga, damals selbst Student der Zahnmedizin, über das Camp erzählte.

Hingabe im Camp für Zahnbehandlungen

Das Dorf Barsana, zwei Autostunden südlich von Neu-Delhi, ist Menschen heilig, die Bhakti-Yoga praktizieren. Es ist denjenigen ein Zuhause, die dazu erzogen wurden, Spiritualität in den Mittelpunkt ihres Lebens zu stellen, um die guten Eigenschaften der Selbstlosigkeit und des liebevollen Dienens anzunehmen. Doch diese Menschen haben nicht die beste Gesundheitsversorgung. Viele von ihnen brauchen eine Brille oder eine Zahnbehandlung.

Das Barsana-Camp für Zahn- und Augenbehandlungen bietet Tausenden von Dorfbewohnern aus der Gegend mindestens einmal im Jahr Hilfe, und Vinay war gekommen, um bei den Zahnbehandlungen mitzuhelfen.

Das Camp verwandelt eine Woche lang ein Ashram-Gebäude, das nur wenige Gehminuten vom berühmten Sriji-Tempel entfernt ist, in eine behelfsmäßige Zahnklinik. Einige Wochen vor Beginn des medizinischen Camps begeben sich Freiwillige in die Dörfer der Umgegend und kündigen an, dass die Dorfbewohner Gelegenheit hätten, etwas für ihre Gesundheit zu tun. Die Behandlungen beginnen um acht Uhr morgens, aber schon ab vier Uhr stehen Hunderte in der Schlange und warten auf die Chance, ihre Zahn- oder Augenprobleme behandeln zu lassen.

Im Zahnbehandlungscamp führen einige Zahnärzte zunächst eine kurze Einschätzung der Patienten durch und geben ihnen dann ein unterschriebenes Formular, auf dem steht, welche Behandlung sie brauchen. Dementsprechend werden die Patienten in die verschiedenen Abteilungen geschickt. Einige benötigen Füllungen, bei anderen müssen Zähne gezogen werden, und wieder andere brauchen ein vollständiges künstliches Gebiss.

Vinay erzählte: »Ich habe in dem Bereich mitgeholfen, der für Zahnprothesen für ältere Patienten zuständig war. Nachdem ich meine Professoren in London angefleht hatte und sie schließlich überzeugen konnte, hatte ich die Erlaubnis erhalten, mir eine Auszeit von meinem Studium zu nehmen, um am Camp mitzuwirken. Bis dahin hatte ich noch nie ein künstliches Gebiss angefertigt, geschweige denn vierzig in einer Woche, wie es hier geplant war. Ich erinnere mich, dass ich mit meinen Camp-Kollegen mithalten wollte, nicht nur auf ihr zahnmedizinisches Können bezogen, sondern auch auf die Liebe für diese von materieller Armut geschlagenen Menschen, die ihnen nichts geben konnten außer ihrem tief empfundenen Segen.

Ich wurde bei allen Eingriffen von qualifizierten Zahnärzten angeleitet, und es war mir etwas peinlich, dass ich mit den Grundbegriffen, die sie mir erklärten, nicht vertraut war. Nach einigen Übungssitzungen beschloss ich, dass ich für einen Patienten allein eine Zahnprothese anfertigen wollte – von Anfang bis Ende. Das war der Moment, als ich Nangu begegnete«, fuhr Vinay fort.

»Nangu war eine 72-jährige Frau, geboren und aufgewachsen in Barsana. Sie hatte ihr Dorf nie verlassen, führte ein einfaches Leben und kümmerte sich um ihre Kühe und ihren kleinen Hof. Wann immer sie zu mir kam, trug sie einen bescheidenen lilafarbenen Sari und bedeckte mit einem Teil davon ihren Kopf; dazu trug sie einen zerschlissenen orangefarbenen Pullover. Sie lebte in Armut in einer einfachen strohgedeckten Hütte, mit wenig Besitz, aber es war offensichtlich, dass sie einen tieferen Reichtum in sich trug, in Form von Liebe zu ihrer Göttin Srimati Radharani.

›Ich bin ein Zahnmedizinstudent aus London‹, sagte ich zu ihr in meinem gebrochenen Hindi. ›Ich bin hier, um Ihnen ein Gebiss zu machen. Möchten Sie das gern?‹

Sie nickte und sprach über ihre Probleme, ohne Zähne essen zu müssen. Man konnte in ihren Augen sehen, wie gern sie neue Zähne hätte und wie viel es ihr bedeuten würde. Sie strahlte und überschüttete mich mit ihrer großmütterlichen Liebe. Dadurch, dass Labortechniker vor Ort waren, wurde ein Prozess, der normalerweise Monate in Anspruch nahm, auf nur drei Tage verkürzt. Am dritten Tag war es an der Zeit, Nangu ihren Zahnersatz zu übergeben.

Als sie wieder in den Raum kam, spürte man ihre Vorfreude. Sie war wie ein aufgeregtes Kind, das gleich seine Weihnachts- oder Diwaligeschenke öffnen darf. Ich versuchte es zuerst mit der oberen Prothese und dann mit der unteren. Doch das, was ich dann sah, schockierte mich zutiefst: Ihre unteren Zähne standen vor ihren Oberzähnen – sie hatte einen Unterbiss. ›Was soll ich tun?‹ Ich musste einen der anderen leitenden Zahnärzte mit dem Problem behelligen, der mehr Erfahrung hatte als ich.

›Sie schiebt den Unterkiefer vor. Lass sie sich erst mal an das Gebiss gewöhnen‹, sagte er gelassen, während er seinen eigenen Patienten weiterbehandelte. Nach Jahren ohne Zähne hatte sich Nangu daran gewöhnt, ihren Unterkiefer zum Essen nach vorn zu schieben, doch das konnte korrigiert werden, indem man ihr half, ihn an die richtige Stelle zu bringen.

›Gott sei Dank!‹, dachte ich. Obwohl es sich um einen ehrenamtlichen Einsatz und uneigennützigen Dienst handelte, also kein finanzieller Druck bestand, lag mir dennoch sehr viel daran, dafür zu sorgen, dass Nangu ein gutes künstliches Gebiss erhielt. Ich konnte an nichts anderes denken als daran, dass diese Frau wie meine Großmutter war!

Nach einiger Zeit fiel ihr Unterkiefer in die richtige Position, und die Zahnreihen lagen so übereinander, wie es sein sollte«, sagte Vinay. »Ich nahm ihre Hand, um ihr vom Gartenstuhl aufzuhelfen, auf dem sie saß. Wieder einmal merkte man, dass dies eine provisorische Zahnklinik war! Ich half ihr, langsam zu dem Spiegel zu gehen, der im offenen Innenhof neben dem Behandlungsraum hing. Ich sagte ihr, sie solle die Augen schließen, und erst als sie vor dem Spiegel stand, gab ich ihr den Hinweis, sie dürfe sie wieder öffnen. Zum ersten Mal seit fünfzehn Jahren sah sie sich selbst wieder mit glänzenden neuen Zähnen. Sie schlug sie aufeinander und versuchte vorsichtig, sich an ihren neuen Biss zu gewöhnen. Tränen strömten über ihr Gesicht, als sie sich dem Spiegel näherte und ein wenig Staub abwischte, der ihn bedeckte. Ich konnte nicht anders: Ich musste ebenfalls weinen.

Sie setzte sich auf die Treppe neben den Spiegel, und ich hockte mich neben sie, während sie mir voller Zuneigung über das Haar strich. Dann legte ich meine Hände zusammen, um ihren Segen zu empfangen.

›Was bedeutet das für Sie?‹, fragte ich sie.

›Es bedeutet, dass ich richtig essen und kauen kann. Es bedeutet, ich brauche nicht mehr mit leerem Magen ins Bett zu gehen‹, sagte sie lächelnd und mit funkelnden Augen. Es war ein sehr berührender Moment für mich, als mir klar wurde, dass mein Einsatz für sie ihr ein etwas besseres Leben ermöglicht hatte.«

Seva

Was also motivierte Vinay zu einem solchen uneigennützigen Einsatz? Was treibt all die Menschen an, die Spiritualität, die ihr Leben prägt, so zu nutzen, dass anderen geholfen wird? Wenn wir mit uns selbst und mit dem Göttlichen in Verbindung sind, ändern sich unsere Auffassungen, Werte und Paradigmen. Wenn wir Spiritualität aufrichtig praktizieren, sehen wir das Leben schließlich aus einer höheren Perspektive. Dann wird uns klar: Sind wir im Leben nur auf uns selbst bedacht, mag das vielleicht den Geist und die Sinne befriedigen, aber nicht unser innerstes Herz.

Führen wir ein oberflächliches Leben, das allein der Erfüllung unserer eigenen Bedürfnisse dient, sind wir wie Surfer: Sie reiten zwar auf den Wellen, sehen aber nicht, was sich darunter verbirgt. Wir können mit einem solchen Lebensstil zwar unsere eigenen Bedürfnisse und Anliegen befriedigen, aber nie echte Erfüllung finden. Wenn wir dagegen Spiritualität praktizieren, werden wir zu Tauchern: Wir tauchen ein in die aufgewühlten Wellen und finden eine Freude, die viel tiefer reicht und über Ideale hinausreicht, die allein Vergnügen und Genuss in den Vordergrund stellen. Diese tiefe Freude ist nur dann möglich, wenn man eine solche Liebe in sich trägt, dass man anderen dienlich sein will. Und wie wird diese Liebe aufrechterhalten? Dadurch, dass wir durch Spiritualität mit Gott verbunden sind. Die Liebe zu Gott umfasst drei Aspekte:

→ *Richtiges Handeln:* Wir müssen unsere Liebe dadurch zum Ausdruck bringen, dass wir richtig handeln. Wir müssen uns auf eine Art und Weise verhalten und handeln, die mit spirituellen Prinzipien in Einklang steht.
→ *Richtige Absicht:* Unsere Absichten müssen selbstlos sein. Wenn wir für unseren Dienst an anderen als Gegenleistung etwas für uns selbst wollen, wie Prestige oder Geld, sind unsere Absichten nicht mehr rein. Ebenso wie Wasser durch mehrfaches Destillieren sauberer wird, so werden auch unsere Absichten dadurch reiner, dass wir sie immer wieder überprüfen.
→ *Richtige Einstellung:* Unser uneigennütziger Dienst an anderen sollte unserem Wachstum förderlich sein. Sich nur deswegen einzusetzen, weil man es »muss« oder weil es »sich nun mal so gehört«, ist zwar gut, aber es ist nicht dasselbe, wie wenn man aus tiefstem Herzen anderen dienlich sein will.

Wenn eine solche Liebe in unserem Herzen ist, bricht sie hervor und weckt ganz natürlich den Wunsch in uns, sie an andere weiterzugeben. Ich habe einmal gehört, wie ein heiliger Mann das Beispiel einer Biene zitierte.
»Es war einmal eine Biene, die flog umher und erblickte ein offenes Glas Honig. Ganz aufgeregt beschloss sie, ins

Glas einzutauchen, und bedeckte sich dabei vollständig mit der köstlichen klebrigen Flüssigkeit. Sie flog wieder aus dem Glas heraus und eilte zu den anderen Bienen, um ihnen von ihrem Fund zu erzählen. Beim Erzählen flogen ein paar Tropfen Honig aus ihrem Mund, hin zu den anderen Bienen. Für all ihre Freundinnen war das unglaublich: Sie erhielten Honig allein durch die Begeisterung und das Handeln dieser einen Biene. Ebenso verhält es sich mit der tiefen Liebe zu Gott: Es ist für uns selbstverständlich, dass wir sie mit allen teilen wollen. Das liegt daran, dass ein mit Gott verbundener Mensch ein mitfühlendes Herz hat und sich in andere hineinversetzen kann. Dass jemand wahre Liebe zu Gott empfindet, ist daran erkennbar, dass er mitfühlend ist und das Leid, dem Menschen in dieser Welt ausgesetzt sind, nachempfinden kann«, erklärte der Heilige.

Dementsprechend antwortet Jesus Christus auf die Frage, welches Gebot das wichtigste sei: »›Du sollst den Herrn, deinen Gott, lieben mit ganzem Herzen, mit ganzer Seele und mit deinem ganzen Denken.‹ Das ist das wichtigste und erste Gebot.« (Matth. 22, 37–38) Er sagt zudem, indem wir das höchste Gebot befolgten – Gott lieben –, lieben wir auch unseren Nächsten wie uns selbst: »Ebenso wichtig ist das zweite: ›Du sollst deinen Nächsten lieben wie dich selbst.‹« (Matth. 22, 39) Das bedeutet, wenn wir eine spirituelle Grundhaltung haben und die Liebe Gottes erfahren, empfinden wir Mitgefühl mit anderen, denen es nicht gut geht. Im Sanskrit sagt man: *para dukha dukhi*, »jemand, den es schmerzt, die Leiden anderer zu sehen«. In der modernen Welt werden Menschen manchmal zu *para dukha sukhi*, empfinden also Freude, wenn sie andere leiden sehen. Echtes Mitgefühl entspringt der Spiritualität.

Ich konnte zwar Harrys Schmerz verstehen, war jedoch nicht auf der Ebene von *para dukha dukhi*, einem, der den Schmerz anderer wirklich nachempfindet. Dennoch bemühte ich mich, ihn zu trösten und ihm in dieser aufreibenden Situation Trost zu spenden. Mehrere angespannte Minuten vergingen, während ich im Wartebereich saß. Ich machte mir Gedanken darüber, was das Schlimmste wäre, das eintreten könnte, und betete, dass diese Vermutung falsch sein möge.

»Mr Das? Mr Gaur Gopal Das?«, rief Dr. Shah. »Harry und Lalita würden Sie gern in ihrem Zimmer sehen.« Ich schluckte und wickelte meinen braunen Baumwollschal um mich, entweder um mich vor der sehr kühl eingestellten Klimaanlage zu schützen oder unbewusst vor den Nachrichten, die ich gleich hören würde. Ich ging den dunklen Flur hinunter zu Zimmer 116, klopfte und drückte langsam die Türklinke herunter.

Lalita lag auf dem Bett, und Harry saß auf einem kleinen Hocker neben ihr und hielt ihre Hand. Die Krankenschwester verließ den Raum, damit beide mir ihre Neuigkeiten mitteilen konnten. Ich stand unbeholfen vor ihnen.

»Es gibt Neuigkeiten«, sagte Harry. Ich war froh, dass ich mich in einem Krankenhaus befand, denn mein Herz pumpte das Blut in Höchstgeschwindigkeit durch meinen Körper. »Es ist allerdings nicht das, was Sie denken.«

Er ließ Lalita das Weitere übernehmen. »Harry und ich versuchen schon seit Langem, ein Kind zu bekommen, und heute habe ich die Nachricht erhalten, dass meine momentane starke Morgenübelkeit eigentlich ein gutes Zeichen ist. Harry und ich erwarten ein Baby!«

Ein Stoßseufzer der Erleichterung entfuhr mir. Ich freute

mich mit Harry und Lalita und überhäufte sie mit Glückwünschen, während sie lächelten oder ausgelassen lachten.

Das Krankenhaus, das ich noch vor wenigen Augenblicken als dunkel und trist, als einen Ort des Todes und der Krankheit empfunden hatte, war nun zu einem Ort neuen Lebens geworden.

Das »Aroma« der unvergleichlichen Freude, das ich an jenem Tag im Krankenhauszimmer kosten durfte, war überirdisch und wurde – vielleicht – nur von einem in den Schatten gestellt: von Lalitas unglaublichem Sambar.

Zusammenfassung

→ Das Sanskritwort *seva* heißt »Dienst«. Wenn wir *seva* mit einer spirituellen Dimension verbinden, wird es für uns erfüllender. Basierend auf unserer Verbindung zu Gott nutzen wir unsere Fähigkeiten und unser Potenzial, um anderen dienlich zu sein. Wir haben von Vinay erfahren, der sich ehrenamtlich im Camp für Zahnbehandlungen in Barsana eingesetzt hat.

→ *Seva* entspringt der spirituellen Praxis: Dass jemand wahre Liebe zu Gott empfindet, ist daran erkennbar, dass er mitfühlend ist und das Leid, dem die Menschen in dieser Welt ausgesetzt sind, nachempfinden kann.

→ Wir müssen richtig handeln mit der richtigen Absicht und in der richtigen Einstellung, damit die Tat als spirituell gelten kann.

Dank

Mein innigster Dank gilt His Divine Grace A. C. Bhaktivedanta Swami Srila Prabhupada. Seine Lehren sind die Grundlage, auf der meine Lebensweise beruht. Radhanath Swami, mein spiritueller Lehrer und gleichzeitig mein Vorbild und meine Inspiration für eine integre, wahrhaftige Lebensführung, hat diese Lehren an mich weitergegeben. Er ermutigte mich nicht nur, dieses Buch zu schreiben, sondern förderte auch meinen Aufenthalt im friedlichen Govardhan Ecovillage, sodass ich ihn ohne Ablenkung beenden konnte. Ihm möchte ich meinen grenzenlosen Dank aussprechen!

Vielen Dank an Gauranga Das, den Leiter von Govardhan Ecovillage, und an alle, die dort leben und mir die Unterstützung zuteilwerden ließen, die ich für dieses Vorhaben brauchte.

Sehr herzlich danke ich auch Govinda Das, Radha Gopinath Das, Shyamananda Das, Sanat Kumar Das, Srutidharma Das, Pranabandhu Das, Gauranga Das, Siksastakam Das, Vraj Vihari Das und Shubha Vilas Das, die mich mit ihrer Freundlichkeit und Hilfsbereitschaft in meinem Lernen gefördert und auf meinem Weg ermutigt haben.

Vinay Raniga und Bhavik Patel aus London waren schon bei der Konzeption des Buches eine große Hilfe und Unterstützung. Ohne sie wäre dieses Buch lediglich ein Traum geblieben. Ich kann ihnen nicht genug danken für alles, was sie für mich getan haben.

Dank

Vielen Dank an Prem Kishor Das, Chaitanya Rupa Das, Radheshlal Das, Pratik Kapoor, Yashwant Kulkarni, Priyavrat Mafatlal, Sagar Wadekar, Mabick Thapa, Paresh Kochrekar und Shyamgopal Shroff dafür, dass sie mich kontinuierlich unterstützt haben in meinen Bemühungen, dienlich zu sein.

Mein besonderer Dank gilt all denen, die mir erlaubt haben, ihre Geschichten zu erzählen – sie haben die Botschaften dieses Buches zum Leben erweckt. Besonders bedanken möchte ich mich bei Dr. Mukund Shanbag, Frau Pavitra Shanbag, Gandharvika und ihrer Familie, Herrn Snehal Ansariya und Frau Kiran Ansariya mit ihrem Sohn Sairaj; außerdem bei Brigadier Sunil Kumar N. V. für die eindrucksvollen Geschichten aus der indischen Armee und bei Hitesh Kotwani für die Geschichte über das Rathayatra-Wagenfest.

Satya Gaud und seinem Team danke ich für das Umschlagfoto und Satya Gopinath Das ebenso wie Chaitanya Tharvala für ihre Hilfe bei den Grafiken.

Frau Vaishali Mathurs redaktionelle Kompetenz und die Arbeit von Frau Udyotna Kumar trugen dazu bei, das Buch so ausgefeilt und stimmig zu gestalten, wie Sie es nun in Händen halten. Herzlichen Dank an Frau Rachita Raj und Frau Chanpreet Khurana für ihr Lektorat und an alle bei Penguin Random House, die zum Gelingen beigetragen haben.

Dankbar bin ich auch für die Inspiration, Ermutigung und Unterstützung aller Ashram- und Gemeindemitglieder des Radha Gopinath Temple, Mumbai, wo ich lebe, und der Ashram- und Gemeindemitglieder des Bhaktivedanta Manor, London, wo ich den Großteil meiner Zeit außerhalb Indiens verbringe.

Ohne die selbstlose Liebe, den Segen und die Unterstützung meiner liebenden Eltern, meiner Familie, Freunde und

Unterstützer wären meine Bemühungen fruchtlos. Vielen Dank euch allen!

Ich danke allen, die mir online folgen. Jedes Like, jeder Kommentar, jeder geteilter Beitrag hat mit dazu beigetragen, dass ich die Gelegenheit erhalten habe, meine Gedanken aufzuschreiben.

Abschließend möchte ich Ihnen, liebe Leserinnen und Leser, meinen aufrichtigen Dank aussprechen. Sie sind der Grund, warum ich meine Einsichten über unseren Weg durchs Leben hier vorstellen darf. Ich hoffe, Sie haben Freude an meinem bescheidenen Versuch, die Weisheit weiterzugeben, die ich von meinen Lehrern erhalten habe.

ANHANG EINS

Arbeitsblatt zur Vergebung

Arbeitsblatt zur Vergebung

1. Wer hat Sie verletzt, und wodurch?

Denken Sie an jemanden, dem Sie vergeben wollen, und an das, was Sie der Person verzeihen möchten.

Lehnen Sie sich dann zurück, und entspannen Sie sich. Atmen Sie ein, halten Sie einige Sekunden den Atem an, und atmen Sie aus. Diese Übung kann viele Gefühle auslösen – lassen Sie alles ganz natürlich hochkommen.

Tragen Sie die Person und das, was Sie verzeihen wollen, in die Zeilen unten ein.

Beispiel: »Ich möchte Thomas verzeihen, dass er mich vor all unseren Freunden laut abgekanzelt hat.«

....

....

....

....

....

....

....

....

....

....

....

Arbeitsblatt zur Vergebung

2. Betrachten Sie die Situation aus der Sicht der anderen Person

Versetzen Sie sich in den anderen hinein. Denken Sie über die Situation nach, und versuchen Sie zu verstehen, warum der- oder diejenige so mit ihnen umgegangen ist. Es ist wichtig, die Absicht der Person zu verstehen und nachzuvollziehen, warum sie sich so verhalten hat. Wenn wir ihren Beweggrund verstehen, fällt es wahrscheinlich leichter, ihr zu vergeben.

Beispiel: »Thomas wirkte an jenem Tag gestresst. Ich glaube, er hatte familiäre Probleme. Das könnte der Grund sein, warum er sich mir gegenüber so anders verhalten hat als sonst.«

....
....
....
....
....
....
....
....
....
....
....
....

3. Überprüfen Sie, ob Sie mit Ihrer Vermutung über die Beweggründe des anderen richtigliegen

Um zu überprüfen, was die Person wirklich dachte, als sie sich Ihnen gegenüber so verhalten hat, können Sie Folgendes tun:

→ Sprechen Sie sie direkt an. Seien Sie einfühlsam, um besser zu verstehen, was sie sich dabei gedacht hat. Ein normales Gespräch ist sinnvoll, um zu klären, warum sie sich so verhalten hat. Hinweis: Gehen Sie nicht mit einer anklagenden Haltung in dieses Gespräch hinein, denn wenn es sich emotional aufschaukelt, kann das Ganze kontraproduktiv sein.
→ Sprechen Sie mit jemandem, der Ihnen helfen kann, die aktuelle Situation des anderen zu verstehen, zum Beispiel mit einem Familienmitglied oder einem seiner Freunde.
→ Wenn beides nicht möglich ist, warten Sie, bis sich eine andere Möglichkeit ergibt.

Tragen Sie die überprüften Beweggründe des anderen in die folgenden Zeilen ein.

....

....

....

....

....

Arbeitsblatt zur Vergebung

4. Seien Sie auf etwaige Schwierigkeiten gefasst, versuchen Sie aber auch zu sehen, welche Vorteile es hat, wenn Sie dem anderen verzeihen

Wenn Sie versuchen, jemandem zu verzeihen, kommen Ihnen vielleicht Situationen in den Sinn, und die damit verbundenen Gefühle steigen wieder in Ihnen auf; dadurch wird es schwierig, ganz loszulassen.

Sie sind vielleicht verletzt, wütend, fühlen sich ungerecht behandelt – was auch immer es ist, schreiben Sie es unten auf.

Stellen Sie sich Ihrer Verletztheit, und machen Sie sich bewusst, dass es besser ist, dieses Gefühl loszulassen.

Beispiel: »Es wird mir bestimmt schwerfallen, Thomas zu vergeben, weil ich weiß, dass ich in der Situation nichts falsch gemacht habe. Die Tatsache außer Acht zu lassen, dass ich im Recht war, und ihm trotzdem zu vergeben wird nicht leicht sein. Vergebung wird jedoch dazu beitragen, dass unsere Beziehung wächst, also ist es das Richtige.«

....

....

....

....

....

....

5. Erinnern Sie sich an all das Gute, das diese Person für Sie getan hat

Wenn Sie sich in Erinnerung rufen, was der Betreffende für Sie getan hat, hilft Ihnen das im Prozess des Vergebens.

Beispiel: »Ich möchte Thomas verzeihen, denn das bedeutet, dass ich mich im Gespräch mit ihm nicht mehr unwohl fühle und den Vorfall dabei auch nicht mehr ständig in meinem Kopf ›wiederkäue‹. Ich bin sehr dankbar für alles, was er im Lauf der Jahre für mich getan hat.«

....
....
....
....
....
....
....
....
....
....
....
....

Arbeitsblatt zur Vergebung

6. Überlegen Sie, wie Sie sich verhalten wollen, nachdem Sie der Person verziehen haben

→ Vergeben und vergessen. (Deshalb vertrauen Sie der Person wieder.)
→ Vergeben, beobachten und dann vertrauen. (Erst beobachten, ob die Person ihr Verhalten geändert hat, bevor Sie ihr wieder vertrauen.)
→ Vergeben und nicht vertrauen. (Sie verzeihen der Person, schätzen die Situation aber so ein, dass Sie keine vertrauensvolle Beziehung mehr zu ihr haben können.)
→ Vergeben und handeln. (Sie verzeihen der Person, müssen aber vielleicht rechtliche oder praktische Maßnahmen ergreifen. Zum Beispiel: Sie verzeihen Ihrem Ehepartner, dass er Sie betrogen hat, entscheiden sich aber dennoch, getrennt von ihm zu leben.)

Tragen Sie in die Zeilen unten ein, wie Sie sich verhalten wollen, nachdem Sie der Person vergeben haben, und aus welchem Grund.

Beispiel: »Ich werde vergeben und vergessen, was Laura neulich zu mir gesagt hat, denn das war eine Ausnahme; sie war einfach nicht sie selbst – normalerweise ist sie höflich.«

....
....
....
....
....

7. Schauen Sie sich Ihre Notizen zur Vergebung an

Sie sollten nun Folgendes aufgeschrieben haben:

→ die Person, der Sie vergeben möchten, und das, was Sie ihr verzeihen wollen;
→ die Situation aus der Sicht des anderen (Ihrer Vermutung nach);
→ die Beweggründe des anderen, wie sie sich darstellen, nachdem Sie sie überprüft und bestätigt haben;
→ etwaige Schwierigkeiten, die bei dem Versuch auftreten können, der Person zu vergeben;
→ all das Gute, das sie schon für Sie getan hat;
→ wie Sie sich anschließend verhalten wollen: vergeben und vergessen; vergeben, beobachten und dann vertrauen; vergeben und nicht vertrauen; vergeben und handeln.

ANHANG ZWEI

Ikigai-Arbeitsblatt

Die eigene
Lebensaufgabe finden

Ikigai-Arbeitsblatt

1. Schreiben Sie eine Arbeit beziehungsweise eine bestimmte Fertigkeit auf, die Sie gern tun und in der Sie gut sind

Was liebst du: Wenn Sie etwas gern tun, macht es Ihnen wahrscheinlich Spaß, auch wenn Sie nicht dafür bezahlt werden. Denken Sie an Phasen in Ihrem Leben, in denen es Ihnen so ging. Haben diese Erinnerungen einen gemeinsamen roten Faden?

Was kannst du gut: Um zu verstehen, ob Sie gut in etwas sind, holen Sie sich ein ehrliches Feedback von den Menschen aus Ihrem Umfeld. Wenn Sie zum Beispiel meinen, Sie könnten gut öffentlich reden, finden Sie heraus, ob die anderen Sie ebenfalls für einen guten Redner halten. Kennen sich diejenigen, die Ihnen ihren Rat geben, auf dem Gebiet gut aus?

....

....

....

....

....

....

....

....

Ikigai-Arbeitsblatt

2. Können Sie von dem leben, was Sie leidenschaftlich gern tun?

Manche wollen nicht für etwas bezahlt werden, was sie gern tun. Das ist in Ordnung! Viele stecken aber beruflich in einer Sackgasse fest und träumen davon, sich voll und ganz ihrer Lebensaufgabe zu widmen. Doch eine solche uneingeschränkte Hingabe für etwas sollte immer auch die praktischen Aspekte des Lebens berücksichtigen! Viele von Ihnen haben wahrscheinlich Kinder, deren Studiengebühren bezahlt werden wollen, oder Hypothekenzahlungen müssen pünktlich geleistet werden. Bitte geben Sie unten kurz an, wie Sie mit dem, was Sie gern tun, Geld verdienen könnten.

....
....
....
....
....
....
....
....
....
....
....

3. Können Sie das, was Sie leidenschaftlich gern tun, in eine Lebensaufgabe verwandeln?

Die glücklichsten Menschen sind diejenigen, die anderen helfen. Hilft Ihnen Ihre Leidenschaft, einen Beitrag für die Welt zu leisten? Es ist Ihre Leidenschaft, ja, aber sobald Sie herausgefunden haben, wie Sie sie in den Dienst anderer stellen können, wird sie zu Ihrer Lebensaufgabe.

Sie können Ihre Leidenschaft in eine Lebensaufgabe verwandeln, indem Sie die folgenden drei Hilfeleistungsaspekte nutzen:

→ *Die Möglichkeit zur Hilfeleistung:* Birgt das, was Sie gern tun würden, die Möglichkeit in sich, anderen zu helfen? Beispielsweise kann der Lehrerberuf lohnend und bereichernd sein: Man verdient seinen Lebensunterhalt und kann gleichzeitig junge Menschen fördern.

→ *Ressourcen zur Hilfeleistung:* Können Sie die Vorteile Ihrer Lebenssituation nutzen, um anderen zu helfen? Beispielsweise könnten Sie Ihre gesellschaftliche Stellung nutzen, um durch Ihren Einfluss etwas zu verändern; Ihr Geld könnten Sie für philanthropische Zwecke einsetzen und Ihr Netzwerk, um einen Sinneswandel bei anderen zu bewirken.

→ *Zeit zur Hilfeleistung:* Vielleicht sind Sie in Ihrer Situation so flexibel, dass Sie das, was Sie begeistert, außerhalb Ihrer täglichen Arbeitszeit tun können. Viele arbeiten den ganzen Tag im Büro und sind dann abends noch im Einsatz für Obdachlose munter und aktiv.

Ikigai-Arbeitsblatt

Mit einer Lebensaufgabe sind – das möchte ich betonen – keine großen Erklärungen gemeint in dem Sinne, dass Sie »die Welt verändern« wollen. Es könnte aber bedeuten, dass Sie große Absichten haben, die Welt *ein kleines bisschen* zu verändern. Und dieser kleine Beitrag kann in ein größeres Netzwerk von Menschen einfließen, die zusammenarbeiten, um zu helfen. Wenn zum Beispiel auch Sie Obdachlosen helfen wollen, dann könnten Sie sich vielleicht einer Organisation oder Gruppe anschließen, die Sie anspricht.

Nutzen Sie die folgenden Zeilen, um aufzuschreiben, wie Sie das, was Sie leidenschaftlich gern tun, in den Dienst anderer stellen wollen.

4. Häufige Einwände, die Sie davon abhalten könnten, Ihr Ikigai zu finden

Die folgenden Einwände sind Beispiele für Gründe, warum Menschen ihr Ikigai nicht finden können:

→ »Mein Job ist gut bezahlt, ich kann ihn nicht aufgeben.«
→ »Ich weiß nicht, wo ich anfangen soll.«
→ »Ich weiß nicht, ob ich gut genug bin, um mit dem, was ich gern tue, Geld zu verdienen.«
→ »Meine Familie unterstützt mich nicht darin.«

Schreiben Sie auf, was Ihre persönlichen Einwände sind, und finden Sie Wege, um sie zu überwinden.

....
....
....
....
....
....
....
....
....

Anfangs sind Sie vielleicht nicht in der Lage, die Arbeit, für die Sie »brennen«, in Vollzeit auszuüben. Sie können jedoch damit anfangen, dass Sie in Ihrer Freizeit daran arbeiten.

5. Ihr Ikigai prüfen und bestätigen

Nun, da Sie Ihr Ikigai gefunden haben, überprüfen Sie es mit einer befreundeten Person, die sich auf dem Gebiet auskennt und der Ihre Interessen am Herzen liegen. Nicht jeder ist mit einem »Experten« befreundet, kann man argumentieren. Aber hüten Sie sich davor, Menschen zu fragen, die kein Verständnis für Ihre Interessengebiete haben. Einen Arzt werden Sie wohl nicht fragen, was genau an Ihrem Auto defekt ist, ebenso wenig, wie Sie einen Mechaniker konsultieren, wenn Sie Husten haben.

Tragen Sie in den Zeilen unten ein, was die Personen, an die Sie sich gewandt haben, über Ihre Ikigai-Ergebnisse gesagt haben.

....
....
....
....
....
....
....
....
....
....
....

Der wichtigste Grundlagentext spiritueller Weisheit

352 Seiten. ISBN 978-3-442-34107-8
auch als E-Book erhältlich

Die knapp 200 Verse des Yogasutra von Patanjali beschreiben den Entwicklungsweg unseres Bewusstseins, den man Yoga nennt. In vier Kapiteln erfahren wir, wie wir innere Freiheit erlangen, wie die tägliche, spirituelle Praxis aussehen kann, welche inneren Übungen die Transformation unseres Bewusstseins bewirken und wie wir lernen, all das wieder loszulassen, um wirklich frei zu werden.

Das Standardwerk zur Psychologie des Yoga

288 Seiten. ISBN 978-3-442-34133-7
Auch als E-Book erhältlich

In der Jahrtausende alten indischen Philosophie gibt es ein vielschichtiges Konzept von der Psychologie des Menschen. Der zentrale Punkt ist die Selbstverwirklichung. Daneben enthält sie eine Schöpfungslehre, ein psychologisch-spirituelles Modell des Menschen und eine Philosophie der Befreiung. Anschaulich und stets mit Bezug zu heute entschlüsselt Ralph Skuban diese reiche Tradition.

Das Jetzt feiern

108 Seiten. ISBN 978-3-442-34256-3

Der erste Tischaufsteller von Eckhart Tolle – wunderschön und stimmungsvoll bebildert. Woche für Woche tauchen wir ein in seine kraftvollsten und inspirierendsten Botschaften, die unsere Wahrnehmung schärfen, eine neue innere Ausrichtung ermöglichen und den Blick aufs Wesentliche lenken: den gegenwärtigen Augenblick. Dieses Hier und Jetzt gilt es, wertzuschätzen, in seiner Vergänglichkeit anzuerkennen und es nicht mit Sorgen aufzuladen. Denn das Leben ist eine Aneinanderreihung eben jener Momente – es liegt an uns, was wir aus ihnen machen, ob wir sie mit Missmut vergeuden oder mit Freude füllen.